·刘敬儒内家拳丛书·

六合螳螂拳

刘敬儒 主编

北京体育大学出版社

策划编辑：秦德斌
责任编辑：秦德斌
责任校对：吴海燕　仝杨杨
版式设计：华泰联合

图书在版编目（CIP）数据

六合螳螂拳 / 刘敬儒主编 . -- 北京 : 北京体育大学出版社 , 2019.9

（刘敬儒内家拳丛书）

ISBN 978-7-5644-3193-8

Ⅰ . ①六… Ⅱ . ①刘… Ⅲ . ①螳螂拳—基本知识 Ⅳ . ① G852.18

中国版本图书馆 CIP 数据核字 (2019) 第 151606 号

六合螳螂拳　　刘敬儒　主编

出版发行：北京体育大学出版社
地　　址：北京市海淀区农大南路1号院硅谷亮城2B-421
邮　　编：100084
发 行 部：010-62989320
邮 购 部：北京体育大学出版社读者服务部　010-62989432

印　　刷：鸿博昊天科技有限公司
开　　本：710 mm × 1000 mm　1/16
成品尺寸：170 mm × 240 mm
印　　张：11
字　　数：194千字
印　　数：4000 册
版　　次：2020 年 1 月第 1 版
印　　次：2020 年 1 月第 1 次印刷
定　　价：39.00 元

《六合螳螂拳》编写组

主　编： 刘敬儒

副主编： 胡耀武　任寿然　韩宝轩　仇富军
刘　志

编　委： 郝永强　徐艳霞　贾庆林　邢殿和
李胜利　朱应德　马　斌　马树宝

策　划： 赵奎喜　刘玉强　刘　辉　项　争
陈丽娜　代海强　孙振虎　向　波
公　晨

摄　影： 蒋天祥　冯　军

序

欣闻吾友敬儒又一部新著《六合螳螂拳》即将付梓。螳螂拳为明末清初人王朗所创，传世至今已有三百多年的历史，门内流派众多，六合螳螂拳是珍秘少传的著名一支。山东黄县丁子成是继承与传播六合螳螂拳并做出杰出贡献的知名大师，门内成名弟子有赵乾一、张祥三、单香陵和刘云樵等。敬儒有幸得单师亲传，耳濡目染，口传身授历数年，深得六合螳螂拳之精义，加之超人地勤修苦练，是现今六合螳螂门中的佼佼者。《六合螳螂拳》一书是敬儒倾其毕生所学，本着继承与发扬国之瑰宝的夙愿，呕心沥血编著的一部承前启后之作，为后学与志在研究之士提供了珍贵的可借鉴的资料，为武术文库增添了一份不可多得的财富，可喜、可贺。

我在武术工作岗位上度过了整整十五个春秋，在这十五年中结识了众多武林朋友，从他们那里不仅获得了真挚的友情，还学到了未曾学过的知识，接受了积淀着数千年的中华文化和传统伦理道德的熏陶，他们是我人生旅途中的良师益友，敬儒便是其中的一位。在与他的交往中，我不只看到他对武技孜孜不倦追求和练就的那一身超群的功夫，更感受到他那浸透着传统武德的做人品格，也是支持他执着实现承前启后夙愿的人格力量。那是一种无形的精神力量，依靠这种力量才能在这承前启后的事业上不畏艰苦、脚踏实地地做出一件件可圈可点的奉献之事。这便是我最为尊崇的。

他坚持遵守的为人之道贯穿在他漫长的习武之路中，鲜明可见。我为他概括了八个字：敬师、苦修、博采、谦和。

在为人熟知的武林格言中有“一日为师，终身为父”之说。敬儒从师多位，对每位师长都至诚至敬地实践着这句千古格言。在他从骆兴武老师习形意拳时，他只是刚刚步入社会、工资微薄而又肩挑家庭重负的一名小学教师，而他仍能节衣缩食，以工资的半数孝敬师长的起居。更为难得的是，恩师仙逝后，为彰显骆师之功德，他与同门一道在北京外侨公墓为恩师迁葬立碑，令恩师家人为之感动。他习螳螂拳时是单香陵老师的入门弟子，后虽与单师身居两地，但探问寒暖不断，事师之心不减。当得知单师病困他乡时，他急不可待地寄去自己的积蓄，为师求医解困，后闻单师仙逝，悲恸不已，常为未能为先师养老送终而抱憾。凡此种种，他对恩师的至诚、至敬、至孝已可见一斑。

敬儒习武有自己的座右铭，常出于口的有“宝剑锋从磨砺出，梅花香自苦寒来”。他之苦修苦练出于口见于行，能为人所不能。拳谚有云“冬练三九，夏练三伏”，意为苦练功，练苦功，不苦不出功，苦后才成功。敬儒是教师，寒暑假本是养精蓄锐的假期，但在他看来正是苦练功、磨砺意志的良机，从不放过。他几乎每天清晨6点进公园，先是独自习练，8点后稍事休息，便遍走各处观摩拳友们练习或跟着练，中午到老师家，下午再进公园在老师指导下练，晚8点独自三返公园继续练，直到晚10点公园清场才回家休息，常常是冬天练得满头冒热气，夏天练得浑身淌汗水，如此年年寒暑假苦练不辍。遇刘谈峰老师后，为学八大掌、八八六十四掌和子午鸳鸯钺，在寒风刺骨的数九寒天，他抓紧从早5点到早8点学校上课前这段宝贵时间，脚踏自行车往返40里路到与刘师约会的地点练功，功毕返校，从不误课。他所练的各家功夫有今日之成就皆源于如此刻苦磨砺的结果。他说这是“吃得苦中苦，方为人上人”。其真意是吃得苦中苦，方为承前启后人。

武术界公认博采名家之长是练家精拳之道，不过这只是少有门户之见者才能做到的。敬儒有武林尊师重道之长，却少有严守门户之弊。只要审视他40年习武走过的漫长路程，就可看出他师从之众，技艺涉猎之广，真正是兼收并蓄，博采众长。他学形意拳，初从骆兴武学李存义一脉，继而遇戴龙邦后人戴魁的弟子钱谨之先生学习戴家的十二形，后得形意名家裘稚和先生指点，尽收形意拳各家的传授。他学八卦掌的开门老师亦是精通程式的骆兴武，又得程式传人程有信先生的指点，后拜尹式八卦掌嫡传何忠祺为师潜研尹式，还从张如林先生处受教高义盛一派的八卦掌，可谓尽得各派八卦掌之精要。此外，他师从单香陵学六合螳螂拳，聆听杨禹廷老先生讲授太极拳拳理，随刘晚苍先生练太极推手，还得到王文奎先生传授的八卦连环剑和群拦刀，王达三先生的八面战身枪和纯阳剑等。可以说在京师凡有名望与专长的武术家，只要有机缘相遇，他必虚心求教。他从博采众家中获益匪浅。

武林中人最崇谦虚平和。敬儒虽技艺有成，名声渐显，但保持不卑不亢、不傲不馁的气质。从他投师之多，就教之广，可见他虚怀若谷，一生追求之高尚。我与敬儒相交有年，虽然我在武术界居有一定职位，但是我们始终保持君子之交，从无私求。他在我面前一向称赞他人之长，从不刻意抬高自己，无有碍武林团结之言行，因此我说在他身上确实保有燕赵君子遗风。敬儒者，意在尊崇孔门风范，闻其名见其人，方知斯名不谬也。

武术作为中华民族瑰宝，传世数千年且日臻完美、丰富，之所以被称为世界文明宝库中一颗璀璨的明珠，全赖于历代秉承前启后之志、行承前启后之事的武林志士矢志不渝的努力，其功莫大焉。继承与发展中华武术是民族之大业，敬儒君修身不怠，笔耕不辍，传练不息，其志可嘉，其情可许。若武林人士如敬儒皆能以己之长，多做承前启后之举，则我中华文化瑰宝之继承发展，发扬光大，必将前程似锦。

赵双进

中国武术协会原副主席
国家体委武术研究院原秘书长
亚洲武术联合会原秘书长

2018年8月于北京

前 言

螳螂拳是中国著名的象形拳术。它是模仿螳螂的动作、神态和搏击特点，结合武术的攻防技术而创编的别具一格的拳术。它以快速、凌厉、美观、千变万化的螳螂手法闻名于世，具有极强的自卫防身、强身健体和观赏价值，是中华武林宝库中的一颗璀璨明珠。

螳螂拳自明末清初人王朗传世以来，经过历代螳螂拳家的发展完善，逐步形成了现在的众多流派。其中以七星螳螂拳、梅花螳螂拳流传最广。六合螳螂拳最为珍秘，很少在外流传，自魏三大师以后，又经过林世春、丁子成两代大师的大力传播和发展，才得以发扬光大。单香陵先生是丁子成大师的著名弟子之一，他的螳螂拳功夫深厚，炉火纯青，有独到之处，闻名遐迩。作者追随单先生多年，幸得先生的传授和教诲，今天，特将所学撰书出版以完成单先生的夙愿，为六合螳螂拳的广泛流传和发扬光大贡献微薄之力。

本书较为详尽地介绍了六合螳螂拳的源流、发展、风格、技击特点、练功方法和步骤，以及六合螳螂拳的传统套路，并无私地公布了六合螳螂拳的真传秘诀。同时还公布了原国家建筑材料工业部（简称“建材部”，1982 年并入国家经济委员会）副部长陈云涛先生的《螳螂拳略论》，以及韩宝轩先生所练的“螳螂拳十三剑”。内容十分珍贵，供广大武术爱好者学习和参考。愿六合螳螂拳在武术的百花坛上更加明艳，光彩夺目！

由于写作水平有限，书中如有错误和不当之处，恳请广大武术爱好者批评、指正。在此感谢所有的朋友。

刘敬儒

2018 年 6 月

本书视频资源总码

本书二维码使用说明

本书二维码教学视频资源全部指向书链网，您可以直接微信扫码观看教学视频，也可以在手机中安装书链App（客户端）扫码使用。App下载视频到手机，支持离线播放。

目 录

第一章
六合螳螂拳简介

刘敬儒演示
六合螳螂拳
双封套路

螳螂拳是象形拳术，是模仿螳螂的动作、神态、搏击特点，结合武术的攻防技术而创编的别具风格、攻击性极强的拳术。2008 年 6 月 7 日，螳螂拳经国务院批准列入第二批国家级非物质文化遗产名录。

螳螂拳相传是明末清初山东即墨人王朗所创，历经各代螳螂拳家的完善，形成了如今的众多流派：七星螳螂拳、梅花螳螂拳、六合螳螂拳、通臂螳螂拳、光板螳螂拳、摔手螳螂拳等，其中以七星螳螂拳、梅花螳螂拳流传最广，六合螳螂拳最为珍秘。

七星螳螂拳以七星步得名，又名“罗汉螳螂拳”。七星螳螂拳动作矫捷，架势舒展，灵活敏捷，轻巧多姿，形象逼真；其劲法偏刚，亦有柔劲，是刚柔相济的劲法；有长手有短手，其长可放长击远，其短有肩肘胯膝。七星螳螂拳的主要特点是：朴实、明快而有力，不招不打，招之即打，连招带打。

梅花螳螂拳技击性很强，讲究出手成撮，招招相连，一招三变，以活为上，迂回为主。鱼鳞步灵活变化，恰似朵朵梅花。劲法上讲究顺劲、巧劲、柔劲。梅花螳螂拳和七星螳螂拳很相似，都是“硬螳螂拳”。梅花螳螂拳主要套路有翻车、蹦步、拦截、梅花路、白猿偷桃、八肘、传技、摘要等。

六合螳螂拳又称“马猴螳螂拳”，因套路中掺杂了马猴手法而得名。六合螳螂拳是山东省招远县（今招远市）川里林村林世春所传，由林世春传的“六合短捶”和魏三传的“螳螂拳”融汇而成，故名“六合螳螂拳”。六合螳螂拳是“软螳螂拳”，拳法中模拟螳螂的成分大大减少，由于“六合短捶”的影响，“捶”的手法和柔的成分大大增加，它是以意导形，神形并重，暗劲多于明劲，缠绕、旋转、沾黏、滚圈多于直冲之手，出手快速，圆活敏捷，更加具有自卫防身和强身健体的价值。

螳螂拳派别虽多，但都强调：象形取意，重在取意；刚柔并重，强刚极柔，处处带有弹性；长短兼备，上下交替，内外相接，处处保持完整性态势；手法、步法、腿法、身法密连而巧妙，稳健而灵活，活中求快，快中求稳，稳中求精。螳螂拳还强调沉肩、垂肘、活腕、拧腰、坐胯、扣膝，拳谚有“腰送客走，胯坐帅府”和“移动靠腿脚，力蓄在裆腰，挡风阻雨两臂摇”之说。其动作要求眼快、手快、步快、身快、式快，一招变三招，长短兼用，气势逼人，变化莫测；发力时，快速突然，松紧结合，富于弹性，做到刚而不僵，柔而不软，脆而不短，快而不毛。

一、六合螳螂拳传承

（一）王朗

王朗如何创出螳螂拳，大致有两种说法。

其一：王朗学拳于少林寺，学成后出游。一日，游于山林间，遇武林高手单通。单通天生通臂，其臂能左右相通。两人较技三日，王朗仍不能近单通之身，只得败走。王朗憩于树下，苦思破敌之法，忽见一螳螂缘树爬下，乃以草秆戏之。螳螂头形三角，颈细长，生有两翅。前足分三节，如人的手臂一样。前节有钩有刺，中节肥大似斧似锯，四足着地而行。草秆戏之则扬前足，似钩似挂，草秆触及身体则能转头闪身，还能把草秆顺出，草秆虽长也触不到它的身体。王朗一再试之，仔细观察螳螂的动作，二足时而左前右后，时而右前左后，能够一勾一打，闪转灵活，转变有度，顿悟以短敌长之法。于是王朗时常逮螳螂返寺，朝夕以草秆戏之，观察模仿勾、搂、刁、采、崩、砸、挂、劈、粘、黏、贴、靠、闪、转、腾、挪等动作。后再次与单通交手，大获全胜。又一日，王朗于树下正练螳螂拳法，忽然从树上跳下一只猿猴，抓着王朗的衣服就跑，王朗一见急忙追去，刚要抓住，猿猴闪身而脱，如此好几次，王朗十分气恼，下定决心，非追上它不可。追了足有半日，猿猴把衣服一丢，逃之夭夭。这时王朗也已精疲力竭，无法再去追赶泄愤，喘息时不由得自己思量，我王朗的步法已然很快，怎么追不上猿猴呢，非常奇怪。于是仔细观察猿猴的足迹，变换的角度，大有所悟，草草制成了图样，回寺后日日模仿练习，尽得猿猴跑动之奥妙，并与螳螂拳结合成一体，即所谓螳螂拳法中的“螳螂手与猿猴步”也。自此以后，王朗名噪一时，王朗的螳螂拳更是享誉武林。

其二：王朗与单通比武，王朗不敌，大败而走，隐匿于草丛中，苦思不止。突然发现一条毒蛇，昂首蠕行，直奔眼前不远的草丛。为什么？原来草丛中耸立着一只螳螂。螳螂看到毒蛇，立刻双刀抱起，伺机而动。毒蛇猛然向螳螂蹿去，刚要吞食螳螂，万没想到，螳螂一刀攫住毒蛇之舌，另一刀勾刺中毒蛇之目，愈陷愈深，毒蛇只能翻滚挣扎。王朗见此情景，顿有所悟，乃创螳螂手法，以此战胜单通。

螳螂两只前足，名刀，又名拒斧，能粘、黏、崩、扑、勾、挂、锯、挫。其行动，曳腰耸拒，昂首奋臂，极其矫健又极其敏捷，一动一静极尽机警之能事。当它遇敌时，则虚抱拒斧，磬控纵送，忽左忽右，瞻前而顾后，闪转开合，极尽奇妙，奋臂轻轻一击时，更是迅雷不及掩耳。秋蝉遭之而必伤，毒蛇袭之而损目。虽然毒蛇吐信非常快速，但是仍比不上螳螂的轻轻一拈，以逸待劳，无比巧妙。故而取其神态和动作，设意度形，以小彰大，赋以刚柔相济、软硬兼施之理，发其虚实变化之妙。于是由简而繁，由单手而集为连拳，此即螳螂拳也。传到今天，不断地发展和完善，独树一帜，别具风格，锦绣花簇，屹立武林，这就是今天的螳螂拳术。

（二）魏三

魏三又名魏德林，山东省莱阳人，是六合螳螂拳的首传之人。

魏三一生浪迹江湖，行侠仗义，劫富济贫，被官府称为江洋大盗，屡遭通缉。魏三寡言少语，自称是王朗的再传弟子，但不言师名。因为他的左手中指、无名指、小指是连指，分不开，故而江湖人称“鸭巴掌魏三”。

一日，魏三从登州越狱出来，潜逃至招远县川里林家村林世春家养伤。因林世春的父亲与魏三早就相识，魏三感激林世春父子的至诚款待，便收林世春为徒，传授螳螂拳。魏三常常在林世春家居住三五日即去，有时一年半载才归来，来去无踪。早晨看见他在床上躺着，中午吃饭时已不见其人了。就这样，魏三教林世春十年余，林世春技艺大成。魏三只传林世春一人，享年九十余岁，逝世后林世春扶柩安葬于莱阳故里。

（三）林世春

林世春，山东招远县川里林家村人，幼年习练家传的六合短捶，后来从魏三学功十载，武功卓绝，炉火纯青。

一日，林世春赶集售货，与他人发生口角，遭当地二十余人聚众围打。交手时，林世春一用力，裤腰带突然崩断，已来不及系裤子了，无奈之下，只得用左手提着裤子，右手单臂与二十余人独战，结果把二十余人打得落荒而逃。自此名声大噪，六合螳螂拳术更为武林所称道。

黄县富户丁悦来，号称“丁百万”。全山东省的当铺几乎都是“丁百万”开设的，但屡遭强盗或“宵小”的侵犯和欺侮，不得安生。闻听林世春高超之技艺，即聘请到家护院，自此，盗贼闻风丧胆，“宵小”鼠窜而逃，皆都销声匿迹。林世春世代务农，家境较为贫寒，于是“丁百万”为他盖新房，娶妻子，待若上宾，一直养到林师父 80 岁，非要回故里时，才礼送而归。在此期间，林师父收“丁百万”之子丁子成和黄县人王吉臣为徒，传授其六合螳螂拳术。林世春回归故里后，又收招远赵同书为徒。享年 87 岁。

林世春以务农为业，直到 80 岁时一直在“丁百万”家，因而一生只到过黄县，从未到过任何大城市，所授之徒又多是富家子弟，他传艺都以自卫为目的，从不以技艺炫人，更不轻易授徒，所以六合螳螂拳传播不广，非常珍秘。真正把六合螳螂拳发扬光大的，还是丁子成。

（四）丁子成

丁子成，黄县人，“丁百万”之子，深得林世春惜爱，尽得林世春之绝艺，功夫深厚，技艺高绝，已达炉火纯青之境，故有“北有丁子成，南有赵同书”之称，为六合螳螂拳一代大师。

丁子成功夫超群，但却谦虚好学。丁子成家境富有但却交友笃厚，一生中从无门户之见，为发展六合螳螂拳法献出了毕生精力。

烟台曹作厚，号称“西霸天”，乃姜化龙之弟子。他久慕丁子成之技艺，遂与丁子成结为好友，而丁子成则命其弟子赵乾一、张祥三向曹师学习七星螳螂拳术，从而六合螳螂拳门中亦有七星螳螂拳。丁子成与八卦掌大师宫宝田、八极拳大师李书文交情莫逆，李书文弟子刘云樵更拜在丁子成门下学习六合螳螂拳术。

丁子成为了传播六合螳螂拳，在 1926 年出资成立了黄县国术研究所，丁子成任馆长，曹作厚、宫宝田、李书文等任教师。丁子成家号称百万，用不着教拳糊口，但应黄县中学邀请，教授六合螳螂拳术。他广收门徒，为六合螳螂拳的广泛流传和发扬光大做出了毕生贡献。其著名弟子有赵乾一、张祥三、单香陵、刘云樵、袁君直、赵树林、付嘉宾、于献忠、于敬之、陈云涛等。

丁子成为人和蔼可亲，对穷苦人乐善好施，加上两耳垂肩，满面笑容，乡里的人都称其“活菩萨”，一生常以“不生事、不省事，不欺人、不让人”来勉励弟子。

（五）单香陵

单香陵，山东黄县邹家村人。幼时好动，手脚灵活，7 岁时就随黄县赵景清老师学习长拳，其后他的父亲又由山东莱阳请来著名拳家吕孟超老师。吕孟超老师是太平天国晚期的将领，城被攻破时逃来山东隐匿下来。吕老师教他通臂粘拳和枪、棍术，前后历时八载。因年事已高，回了莱阳故居。于是单香陵先生又来到了黄县北关著

六合螳螂拳宗师丁子成先生

六合螳螂拳宗师单香陵先生

名六合螳螂拳大师丁子成先生家学习六合螳螂拳术。单香陵先生与丁子成夫人沾亲，来到丁老师家，丁老师夫妇异常欢迎和高兴。丁子成先生非常喜欢单先生的枪、棍术，于是和单先生商定，由单先生教诸师兄弟练习枪术、棍术，丁老师向单先生亲授六合螳螂拳。

单先生嗜武如命，勤学苦练，得到丁子成先生的器重。经过悉心传授，不数年，单先生的六合螳螂拳已得其精奥，后离乡学做生意。

单先生乘船北上，由水路越渤海到了大连。住在一位经商的朋友家里。一天，6个日本兵闯进了单先生寄居的粮店，强取货物。店员们叫他们付钱，却被打得半死。单先生见状大怒，挥动铁拳狠狠地教训了行凶的日本兵。不久，单先生离开了大连，到了北京，在老乡开的粮店里学做生意。

1933年单先生28岁，参加了北京官园体育场举行的华北武术擂台赛，以超群的功夫，过关斩将，最后争得冠军。单先生的高超技艺，一时成为北京城内传播的头号新闻。

由朋友介绍，广和戏院的大股东王玉堂先生邀请单先生去广和戏院管理前台的账目。单先生一去，在戏院里一站，当地的地痞流氓再没有敢闹事的。广德戏院老板一看非常羡慕，通过王玉堂先生又把单先生请到广德戏院，所以朋友们开玩笑地送他外号“两广总督”。

广和剧场是富连成科班所在地。一天，科班内的学员起了矛盾，一时剑拔弩张，非要武力相见不可。单先生为了挫挫双方的锐气，以达调解之目的，命人搬来一些砖，码成一摞，说："我听说诸位因小事不和，准备同室操戈，想必都有两下子。既然如此，哪位先来拿这几块砖试试，给大伙露一手。"双方面面相觑，自知不能，静静地看着。"既然诸位不行的话，那就来看我的。"说罢，单先生走到砖前脱下长衫，挽起衣袖，抖抖丹田气，喝一声："开！"右手闪电般地砸下去，哗啦一声，九块砖自上至下全部击碎，立时引起一片喝彩声。单先生又对大家晓以大义。从此大家言归于好。此举震动了梨园，不几天，班主叶存善先生、总教习肖长华先生得知此事，特聘单先生为富连成科班的客座武术教师。

1933年擂台赛后，单先生名声大噪，很多人想拜单先生为师，可他从不轻易收徒，理由是："武术不挑人，谁练归谁人，好人得之有利社会，坏人得之就会作恶多端。"直至1949年后才开始收徒。

单先生特别注重"内修外练"，他说："要做到三个无止境方可，一功夫无止境，二学理无止境，三修养无止境。"晚年，他把山东自家的五间大北房的隔断拆除，黄土铺地，改成练功房。

不幸的是，1984年他患肠胃炎，因严重脱水于3月5日不治而逝，终年79岁。单先生的逝世，不仅是六合螳螂拳界的损失，也是中国武术界的一大损失。

魏三先生单传林世春，林世春传丁子成、赵同书、王吉臣。王吉臣英年早逝。丁子成传赵乾一、张祥三、刘云樵、单香陵等，他们又把六合螳螂拳传到全国各地，并且传到日本、美国等国家，为发扬光大六合螳螂拳做出了巨大贡献。

在《六合螳螂拳》一书面世之际，谨向历代老前辈表达无限的缅怀之情，并预祝六合螳螂拳繁花似锦，光大昌盛，为人类造福，在世界武坛上大放异彩。

左起：马维生、马有清、单香陵宗师、刘敬儒

六合螳螂拳师承表（部分）

- 王朗
  - 姓名不详
    - 魏三
      - 林世春
        - 丁子成
          - 赵乾一
          - 张祥三
          - 单香陵
            - 马汉清
            - 李秉慈
            - 刘敬儒
            - 林基友
            - 杜金果
            - 林述利
            - 赵国忠
            - 张道锦
            - 许世田
          - 刘云樵
          - 丁文卿
          - 付嘉宾
          - 赵树林
          - 陈云涛
        - 王吉臣
        - 赵同书

二、六合螳螂拳风格特点

螳螂拳是象形拳术。螳螂的前足又长又大，就像两把大斧，故名“拒斧”。它的前节有钩，中节肥大，生满钩刺，后四足着地，拧头闪身，扬臂运足，动作十分灵活。螳螂拳以勾、搂、刁、采、崩、砸、挂、劈、沾、黏、贴、靠、闪、转、腾、挪为主，又称“十六字要诀”。

（一）十六字要诀

勾：小指外沿向前，手腕弯曲，小指、无名指、中指依次弯曲，自上而下或向左、向右勾拨对方手臂的动作，称为“勾”。

搂：五指微屈，手心向下，用五指和掌心向下按对方手臂，称为“搂”。

刁：手腕弯曲，用小指、无名指、中指或用拇指、食指、中指把对方手臂擒住，称为“刁”。

采：手指向上，手心向前，用五指把对方手臂抓下，称为“采”。

崩：如用草秆戏逗螳螂时，它不仅可用前足勾、搂、刁、采，也可用前足把草棍弹开；故用力把对方来手、来臂弹开或震开的手法，都称为“崩”。

砸：练习螳螂拳的人都有“操功”，其臂、其掌坚硬似铁，如用大力向下击落对方来臂、来手称为“砸”。

挂：螳螂前臂有钩有刺，故能挂物，用前臂把对方手臂勾带而下，或用前臂将对方打来手臂顺势向后、向左或向右勾带都称为“挂”。

劈：练习螳螂拳的人大多练有鹰爪铁臂功，故用小指外沿向对方抡臂砸下称为“劈”。

沾：用贴压的动作，把对方打来手臂贴压住，使其不得脱离，称为“沾”。

黏：沾黏是不分开的，把对方手臂粘住后再加力，使其不得挣脱，粘得更紧了，称为“黏”。

贴：进足、进身向对方靠近，身体几乎接触或已接触，称为“贴”。

靠：贴近对方身体后，施以肘打、肩打、胯打，称为“靠”。

闪：快速躲避称为“闪”。

转：转头转体的动作都称为“转”。

腾：跳跃起来躲闪或进攻都称为“腾”。

挪：向前、向后、向左、向右，小距离的身体移动称为“挪”。

（二）六合螳螂拳风格特色

六合螳螂拳是“六合短捶”与“螳螂拳”的组合，因而时时离不开“捶”。六合螳螂拳中把拳称“捶”，其中三捶、磨盘手、勾搂捶、十字砍、浪里滚沙、肘底捶、撩阴捶、反背捶……不胜枚举。六合螳螂拳的捶分“捶”和“锥捶”。打击对方时大多用“锥捶”，要用“寸劲”打人。“寸劲”就是前足踩，后足蹬，力行于腿，提肛溜臀，力行于腰，含胸圆背，力行于肩，松肩坠肘，力达于“捶”或“手”，丹田力发，又疾、又重、又突然、又短暂的瞬间，突然爆发，打的距离极短，而达于对方的力量极大，并深透而入，因而要慎重，不可轻易用之。

六合螳螂拳的“六合”，原来是指上下、左右、前后与身体各部动作的协调一致，并不是形意拳的内外六合（外三合即手与足合、肘与膝合、肩与跨合。内三合即心与意合、意与气合、气与力合）。但细究其真，练起六合螳螂拳来与形意拳的六合也是完全一致的。丁子成大师的得意弟子张祥三先生说道，在练六合螳螂拳时要做到“神聚、肩松、身活、步稳、气畅”，即“眼到、手到、步到、势到、意到、力到”。实际上就是精气神、身手步、意气力的统一，即“内三合，外三合”之意。所以六合螳螂拳在丁子成大师在世时已开始转为内家拳。

单香陵先生学练过通臂粘拳，又习练过形意拳、太极拳，与尹福之子尹玉璋先生交情深厚，经常互相切磋技艺，对尹氏八卦掌有深刻的了解和认识。六合螳螂拳经单香陵先生五十多年的研究和练习，已经完全变成了内家拳法。单先生要求练习六合螳螂拳时必须舌抵上腭，提肛溜臀，自然呼吸，气沉丹田，还要做到手与足合、肘与膝合、肩与胯合、心与意合、意与气合、气与力合，即内外六合。因此而言，六合螳螂拳已属于内家拳的范畴，也由原来讲究明刚明柔、暗刚暗柔的劲力转变为以暗刚暗柔为主，加以意导形，神似更多于形似。一套六合螳螂拳演练完毕，很少看到模仿螳螂的动作，表面看是以小指外沿在前，向对方面部弧线砍打，似乎没有螳螂手法，但对方一旦出手挡架，则马上会变成勾搂刁采，螳螂手法随势而出，而且是先击其面，后勾其手，变化万端，滔滔不绝，灵活快速。

有人说：“螳螂拳手法虽好，可惜无腿。”螳螂拳无高腿（如二起脚、飞脚、旋风脚等），但六合螳螂拳有腿法，腿法要求高腿不能过肩，弹腿不能过裆，蹬踹之腿不能过胸，非常快捷实用。运用的时候，还要手脚齐施，顺势暗递，令人难以防范，尤以斧刃脚、大展拍等最为神妙，忽而左展拍，忽而右展拍，形似醉汉，似倒非倒，出奇制胜，神奇莫测。

螳螂拳的步法十分丰富，有弓步、马步、虚步、插步、独立步、提拖步、滑步、玉环步等，尤以提拖步最为常见。但六合螳螂拳又十分强调“一不登山，二不骑马，就地发来就地打”，意思是指交手时不要拘泥于弓步（登山），也不要拘泥于马步（骑马），要随机随势，随意变化。单香陵先生更强调“一不登山，二不骑马，怎么合适怎么打”。六合螳螂拳的步法经过单先生的不断改进和发展，把六合螳螂拳的提拖步演变成四六步，即前腿膝部微屈，五趾抓地，后腿膝部弯曲，向下蹬劲，上身正直，提肛溜臀，重心前四后六，与形意拳三体式的步子近似。这样可攻，可守，可进，可退，非常灵活，变化快速，而且易于发力，交手时更加灵活多变，运用自如，一手接一手，一势接一势，滚滚向前。

（三）六合螳螂拳技击特点

丁子成大师的著名弟子张祥三先生著有《六合螳螂拳》一书，虽然书中只介绍了六合螳螂拳中的一个套路，但其中的六合螳螂拳口诀歌和注解很有价值，阐明了六合螳螂拳的风格和技击特点。现摘录如下，供六合螳螂拳爱好者们学习和参考。

出手闪电独一家，提拖滑步实堪夸。勾搂刁采缠丝手，崩砸挂劈螳螂抓。
沾黏贴靠力推山，闪转腾挪危后安。里外磨盘怀中抱，随手底漏法无边。
手下有手叶底花，随形捉影镜里花。顺提倒牵飞擒手，霹雳斩关挑进手。
败步似退实是进，旋身展拍左右分。指似钢钩劈点打，点插乘隙上中下。
子母连环三尖照，腰似龙形身法妙。步步向前世无敌，手步相因门不抛。

张祥三先生对七星螳螂拳、六合螳螂拳有高深的造诣，不仅著书立说，更是广传弟子，为六合螳螂拳的发扬光大做出了突出贡献。

单香陵先生练习六合螳螂拳五十余年，吃透了六合螳螂拳。不但完全继承，而且发展了六合螳螂拳，达到了炉火纯青的地步。他形象、透彻、精辟地阐明了六合螳螂拳的风格、技击特点和功法真谛。他强调练六合螳螂拳的人必须练到“手法活似机轮，腰如钻杆，身法活似钢球”，意思是说，六合螳螂拳的手法要一手接一手，连绵不断，就像机器的轮子似的，不停地滚动向前；腰要像车轴，左转右转，自如异常，水到则渠成；身法要非常圆活，就像钢球似的，对方一着力，我已滚动变化了，神奇莫测；双臂要互为阴阳，一手向前一手随后，一手出一手收，如机轮似的，双手互相关联，阴阳互易。要“一活、二顺、三刚、四柔、五化”，刚柔相济，使对方捉摸不到，变化莫测。“出手雕翎箭，用闪电纫针的打法，分寸必争，分秒必争”，就是说出手时要像射出雕翎箭那样快速，快得能在闪电的瞬间把丝线纫在绣花针的针眼内，这样才能出手成招，灵活自如。速为上，活为上，才能达到“出手不见手，把式才到头”的随心所欲境界。

六合螳螂拳的技击特点是“出手点睛”，手手不离对方的脸。因为大脑是神经中枢，为全身之主宰，五官又是最脆弱的地方，一受到伤害必败无疑。出手奔头部，能给对方精神上造成最大威胁，对方不是躲避就是挡架。对方躲闪，我仍打；对方招架，就更中了我的陷阱。于是，六合螳螂拳的手法，勾、搂、采、挂、劈、截、崩、砸，一发不可收拾，便于双手交替，虚实互易，一臂自为长短，一势接一势，一手接一手，如暴风骤雨，迅猛打去，绵绵不断，勇往直前，千变万化，出奇制胜，打得对方只能招架，无有还手之力，一打到底，敌人岂能不败乎？从而达到六合螳螂拳轻的时候如随风舞纱；快的时候如蜻蜓点水；柔的时候如迎风摆柳；软的时候如清水漫沙，无隙不入；刚的时候如铁杵砸石，尽碎成粉。所谓“手眼身法步秘诀，软似棉花硬似铁，进如绣女透轻巧，出似霸王勇莫遮”是也。“分明香在梅花上，寻到梅花香又无”，意思是说，对方明明看到我的出手，但一旦招架或出手还招时，我的手法已变得无踪无迹了，神奇莫测，千变万化。

螳螂就是小小的昆虫，力量虽小，但它敢在滚滚行进的大车前面愤怒地扬起双臂，阻挡大车的前进。如果大车继续前进，螳螂就会被碾得粉碎，可见不自量力。但庄公却褒奖它的勇敢，大车自让道路，绕道而行。尽管如此，人们还是取笑它“螳臂当车，不自量力”。我们学习螳螂拳，不是学它的不自量力，而是学习它在强敌面前刚毅勇猛的精神，充分发挥螳螂拳的灵活快速、连环凌厉、刚柔相济、一手接一手、一势接一势、勇往直前、绵绵不断的技击风格和特色。

三、六合螳螂拳学练方法

螳螂是小小的昆虫，它的两个前足又长又肥又大，有钩又有刺，所以扑食昆虫和防御敌人进攻时，离不开它两足的勾、搂、刁、采、挂、劈、锯、锉……，而螳螂拳是模仿螳螂的动作加以变化而来，人们使用勾、搂、刁、采、挂、劈、崩、碰等手法时都离不开手指、手掌、手背和两臂。如果手指、手掌、手背、两臂没有力量，不坚硬似铁，就难以施展螳螂手法自卫防身。所以练习螳螂拳的人必须练习“操功”。把两手、两臂练得坚硬似钢似铁，才能充分发挥勾、搂、刁、采等的神奇威力。操功的方法很多，个人可以自由选择。本书特介绍铁砂掌、插豆桶、抓铅球三种方法，供练习六合螳螂拳者参考。

在练习操功的同时可以练习六合螳螂拳的套路，六合螳螂拳的套路主要有短捶、双封、藏花、铁刺、截手圈、仙手锛、照面灯。学习时可以先学习短捶，然后依次学习截手圈、铁刺、藏花、仙手锛、照面灯，最后学习双封，也可根据自己的喜爱而安排学练顺序。

练习六合螳螂拳套路要做到下列几步功夫：

第一步，姿势准确，动作到位，一手一势、一步一足都要一丝不苟。

第二步，动作熟练，手法紧凑，力求连环。

第三步，快慢适度，打出劲力，以明刚明柔为主，使出浑身之力。

第四步，自然呼吸，气沉丹田，以暗刚暗柔为主。

第五步，动作纯熟，手法连环，快速圆活。

第六步，六合归一，虚实分明，刚柔相济，灵活快速，连环圆活，一手接一手，一势接一势，勇往向前，绵绵不绝。

总之，坚持练习，持之以恒，不难达到单香陵先生所要求的“一活、二顺、三刚、四柔、五化”的高超境界。

（一）铁砂掌

准备一个边长一尺（约 33.3 厘米）的四方形袋子，不论麻的、布的，只要质地柔韧结实即可。里面装满一寸（约 3.3 厘米）厚的铁砂，平放在坚实的石台或木凳上。

袋内的铁砂不要有尖刺，内中可以掺些小麦的麸皮等软质细末，以免刺伤皮肉或初练时用力过猛把手震伤。随着功夫的增长，可以逐步减少小麦麸皮量，增加铁砂量。

练习时马步或四六步站立，先用手心拍打铁砂袋，随之翻掌，用手背拍打铁砂袋。如此左手、右手反复练习近百下，次数由自己决定。开始练时用力要小，逐步加大力，以能承受为度。饭要一口一口地吃，功夫要一天一天地练，只要持之以恒，定能成功。初练时至少要坚持练习三个月，最好坚持练习一年以上。

也可以把臂甩开，用小指外沿或手的虎口部分向铁砂袋上猛力大抡大劈地摔砸。

每次练习，必然相当疼痛，但要咬牙坚持。练后手掌红肿，可以熬舒筋化瘀的中草药搓洗，药水越热越好，可以把双手泡在水内搓洗，直到不感疼痛或皮肉松软。也可以在清水内加花椒，把水熬开，花椒的药力已溶解于水内时，即可泡手和搓洗。也可以在沸腾的开水内加适量食盐进行泡手和搓洗。目的是消瘀、消毒和舒筋活血。

练习铁砂掌的目的是把手掌练得坚硬似铁，以运用螳螂拳的勾、搂、采、挂、崩、碰等技法来发挥螳螂拳技的威力。

（二）插豆桶

准备木桶或铁桶，高度三尺（约 100 厘米），桶内装绿豆，绿豆数量以至桶沿两寸（约 6.7 厘米）为宜。绿豆内掺一些小麦麸皮，以免刚一练功就把手指戳坏、皮肤受伤、指甲掀掉。随着功夫的增长可加大绿豆比重，甚至可掺些铁砂在内。绿豆性凉，对手掌、手臂有利。绿豆在豆类中比较坚硬，利于练功夫。绿豆粒圆，大小合适，故用绿豆而不用黄豆或黑豆。

练习前要剪指甲，卷起衣袖。练习时，在木桶前马步站立，双手手指贴拢，手指向下，向绿豆内猛力插入，随之翻起成手心向上，手上攥满绿豆，一边慢慢抬起一边松手，绿豆纷纷落入桶内。如此反复练习，次数由自己决定。

每次练习时，手掌骨肉必然疼痛，甚而皮肤搓伤，需要咬牙坚持。练习后可以熬舒筋化瘀的中草药泡手和搓洗，也可以熬花椒水泡手和搓洗，也可以在沸水内加适量的食盐泡手和搓洗，以便消毒和舒筋活血化瘀。

练得全手能插入绿豆后，继续练习前臂的插入，直至插到肘部。可以练习半年、一年，甚至三年，切忌浅尝辄止。

插绿豆的目的是练习手掌的力量和手掌、双臂的坚硬度。通过长期的练习，能勾、搂、采、挂、崩、砸、锯、锉，皮肤不但不会受到伤害，反而更加滑润细腻。

（三）抓铅球

准备 16 磅（约 7.26 千克）铅球两个，也可以准备两个小一点的，开始时先练习抓小的，手指、手臂有了力量后，可以练习抓 16 磅（约 7.26 千克）的铅球。

练习时马步站立，左手托球，手心向上，把铅球抛起。当铅球落下时，马上手心向下，用五指把铅球抓住，然后换另一只手做。如此左手、右手反复练习，每手要抛抓 20 次、50 次、80 次、100 次……每日练习，不可半途而废。

抓铅球的目的是练习双手手指的力量即鹰爪力，这样才能充分发挥手指的勾、搂、刁、采、封、劈、抓等的功能，才能出手快速，变化多端，勾抓有力，得心应手。

四、六合螳螂拳基本手型、步型

（一）基本手型

螳螂拳的手型很多，有掌、指、钩、捶（拳）等。下面重点介绍钩和拳，供大家练习。

1．定型螳螂手（螳螂爪，螳螂钩）

屈腕，小指和无名指弯曲贴拢，小指指端靠近腕部，几乎触及掌根，中指、食指弯曲，拇指压在食指上。（图 1–1）

2. 活型螳螂手

屈腕，先小指、无名指弯曲变钩状，再中指、食指掌指关节弯曲，最后拇指贴压于无名指、食指指根。（图 1–2）

3. 拳

除拇指外的四个手指先第一节再第二节再第三节依次弯曲握紧，最后拇指弯曲，压在食指和中指上。（图 1–3）

4. 锥拳

四个手指弯曲，食指第一节、第二节和拇指第一节挤压中指，把中指中节顶出。（图 1–4）

图 1–1

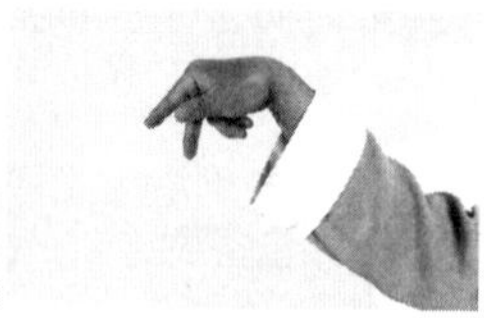

图 1–2

图 1–3

图 1–4

（二）基本步型

螳螂拳的步型很多，有弓步、马步、虚步、歇步、倒插步、提拖步。下面重点介绍提拖步，供读者参考。

提拖步（四六步）：上身正直，前腿微屈膝，五趾抓地向地面踩力，后腿屈膝，向下蹬力，双腿承重成前四后六的比例，故又名“四六步”（图 1–5、图 1–6），如同形意拳的三体式。

图 1–5

图 1–6

第二章
六合螳螂拳传统套路

短捶

一、短捶
（动作演示：刘敬儒）

“短捶”是六合螳螂拳的重要组成部分。整个套路很少有螳螂手法，基本以“捶”为主。

六合螳螂拳的风格特点不同于七星螳螂拳、梅花螳螂拳，就是受“短捶”的影响。短捶的特点为圆活连贯、上下协调，要练出暗刚暗柔之力，要气沉丹田，所以六合螳螂拳的整个特点都要体现圆活、协调、连贯，要暗刚暗柔，要气沉丹田。虽然“短捶”很少有螳螂手法，但它是六合螳螂拳中的基础，是六合螳螂拳中最重要的传统套路。

练习“短捶”时要动作紧凑，一手接一手，一势接一势，勇往直前，绵绵不断。“短捶”中的勾挑、缠绕、弧线动作特别多，很少有直臂动作，练习时要求松肩垂肘，打出暗刚暗柔的劲力。“短捶”的动作虽然“短”，但练习要求双臂要能放长及远，灵活圆顺，伸缩自如。“短捶”的肘法很多，肘肘离不开拧腰的动作，因而能增长腰力，练习时“腰如轴立”，灵活多变。练习“短捶”时还要自然呼吸，气沉丹田，六合归一。只有通过“短捶”的长期练习，动作纯熟，有了功夫以后，才能达到“一活、二顺、三刚、四柔、五化”的高超境界，自然能出手成招，随心所欲，神奇莫测。

（一）动作名称

1. 起势
2. 连环勾挑
3. 单弓肘
4. 十字砍
5. 双插剑
6. 双弓肘
7. 闭贴手
8. 勾挑手
9. 右盘肘
10. 反背捶
11. 脱勾手
12. 八翻捶
13. 撩阴捶
14. 攒捶
15. 十字砍
16. 拍刀手
17. 八翻捶
18. 十字砍
19. 反展手
20. 双贯耳
21. 闭贴手
22. 反背捶
23. 双展耳
24. 右盘肘
25. 脱勾手
26. 挑捶
27. 后坐肘
28. 右插剑
29. 花月背剑
30. 磨盘手
31. 弯弓勒马
32. 右盘肘
33. 十字砍
34. 左盘肘
35. 反背捶
36. 拍刀手
37. 肘底看捶
38. 退步撩阴
39. 虎撑
40. 肘底看捶
41. 连环挑进手
42. 插捶
43. 反背手
44. 双展手
45. 捧合手
46. 十字砍
47. 浪里滚沙
48. 挑进手
49. 反背手
50. 撩阴手
51. 破漏肘
52. 十字砍
53. 虎坐
54. 双插剑
55. 穿挑手
56. 背剑
57. 飞擒手
58. 闭捶
59. 扫边手
60. 单弓肘
61. 收势

（二）动作图解

1. 起势

头正颈直，嘴微闭，舌抵上腭，成立正姿势；双臂自然下垂于身体两侧，提肛溜臀，气沉丹田，精神集中。目视前方。（图 2–1）

2. 连环勾挑

①左足后撤一步，屈膝向下坐身，前腿微屈，五趾抓地，成四六步；同时双手握锥拳，自身体两侧向身前拧臂旋转，翻成拳心向内，右拳在前，高与鼻平，左拳贴在右肘内侧，高与肩平。目视前方。名曰“子母捶”。（图 2–2）

②左足前进一步，同时左锥拳拳心向内，贴右臂向面前屈臂穿挑，高与鼻平；右拳拉至左肘内侧。目视前方。（图 2–3）

③右足前进一步，同时右锥拳拳心向内，贴左臂向面前穿挑，高与鼻平；左拳拉至右肘内侧。目视前方。（图 2–4）

图 2–1　图 2–2　图 2–3　图 2–4

3. 单弓肘

①左足前进一步，足尖里扣；同时左锥拳拳心向内，经右臂向面前穿挑，随之屈肘折回，左拳变掌，右锥拳屈肘下落停于左掌。目视右前方。（图 2–5）

②右转身，向身体左侧横移半步成马步；同时左掌变拳，拳心朝下，右拳变掌包住左拳，右掌推左拳，向身体左侧平臂顶肘，名曰“单弓肘”。目视左前方。（图 2–6）

要点：“连环勾挑”与“单弓肘”的动作要一气呵成。

4. 十字砍

①蹬左足，重心右移，成右弓步；随向右拧腰的同时右臂屈肘，右掌变拳，拳心向内，向右肩前竖起；左拳拳心向内，经面前在右臂外横臂砍下，与右臂形成“十”字形，故名“十字砍”。目视左拳动作。（图 2–7）

②蹬右足，重心左移成左弓步；随向左拧腰的同时左臂屈肘，左拳拳心向内，在左肩前竖起；右拳拳心向内，经面前在左臂外横臂砍下，与左臂形成“十”字形，故名“十字砍”。目视右拳动作 。（图 2–8）

5. 双插剑

①右臂外旋，左臂落下，双拳拳心向上，双拳内侧贴拢，随着向右拧腰的动作在胸前向右画平圆，置于腹前；此时马步，坐身。目视双拳动作。（图 2–9）

②双臂内旋，翻成双拳拳心向下时，随着双足向前跳移半步的同时成锥拳向前打出，双臂不伸直，打出暗刚之力，高与胸平。目视前方。（图 2–10）

要点：“十字砍”与“双插剑”的动作要连贯，一气呵成。

6. 双弓肘

马步坐身，方向不变，双拳拳心向下，双臂端平屈肘，双肘肘尖向身后顶出。目视前方。（图 2–11）

7. 闭贴手

左腿弯曲，支撑全身，右足足尖点地，贴于左足内侧；同时右手小指外侧用力，贴右腿外砍下；随之，向右转体 90° ，右足直上一步成四六步；同时右臂外旋，右拳拳心向上时，自下向胸前弧线缠绕，当拳心向上时，右手手背和右前臂向内侧沉压而下，仿佛压着对方手臂使其不得脱离，故名“闭贴手”。左拳按于腹前，目视前方。（图 2–12）

8. 勾挑手

右转身，跟左步，仍成四六步；左拳拳心向上，自右臂下向面前穿挑而出，高与鼻平，右拳按于左肘内侧。目视前方。（图 2–13）

9. 右盘肘

①双足不动；左拳拳心向下，在右肩前按下，名曰“搂手”。右拳按于腹前，目视前方。（图 2–14）

②双足不动，向左拧腰转体 180° 成左弓步；同时右臂端平，随着拧腰的动作，右肘肘尖向前平摆打出，左手啪的一声，拍在右前臂外侧。目视前方。（图 2–15）

图 2-5

图 2-6

图 2-7

图 2-8

图 2-9

图 2-10

图 2-11

图 2-12

图 2-13

10. 反背捶

左足尖里扣，向右拧腰转体 180° 成四六步；当右拳翻成拳心向上时，向左手前反背砸下，高与肩平，左手握拳置于右肘内侧。目视前方。（图 2-16）

图 2-14

图 2-15

图 2-16

11. 脱勾手

①右足足尖里扣，右腿弯曲，左足随向左转体 180° 的同时前进一步成四六步；同时左手握拳，拳心向上，用拳背向胸前拨挂压落，高与肩平，右拳置于腰右侧。目视前方。（图 2-17）

②左足前进一步，右足跟进，仍成四六步；同时右臂内旋，翻成手心向下时，贴左臂之上向前锥拳打出，高与肩平，左拳按于腹前。目视前方。（图 2-18）

③左足前进一步，右足跟进，仍成四六步；同时左臂内旋，翻成拳心向下时，贴右臂之上向前锥拳打出，高与肩平，右拳按于腹前，目视前方。以上动作要一气呵成。（图 2-19）

12. 八翻捶

①左足足尖里扣，向右转体 90° ，右足向右前方上步，左足跟进成四六步；同时左拳变手向右前方抓下，握拳置于腹前，右拳拳心向上，自左手下方向右前上方锥拳挑打，高与鼻平。目视右前方。（图 2-20）

②右足足尖里扣，向左转体 45° ，左足向左前方上步，右足拖步跟进成四六步；同时右拳变手向左前方抓下，握拳置于腹前，左拳拳心向上，自右手下向左前上方锥拳挑打，高与鼻平。目视左前方。（图 2-21）

13. 撩阴捶

左足尖里扣，右足向后撤步；同时左臂弯曲，左肘自然上抬，右臂内旋伸直，用右拳外沿向身后撩出。目视后方。（图 2-22、图 2-22 附图）

图 2-17

图 2-18

图 2-19

图 2-20

图 2-21

图 2-22

图 2-22 附图

14. 攒捶

左足尖里扣，向右转体 90° ，右足向后撤成马步；同时左手在体前抓下；右臂外旋，翻成拳心向上时向面前成锥拳钻出，高与眉平。目视前方。（图 2-23、图 2-23 附图）

图 2-23

图 2-23 附图

15. 十字砍

①蹬右足，重心左移成左弓步；向左拧腰的同时左臂屈肘，左拳拳心向内，在左肩前竖起，右拳拳心向内，经面前向左臂外横臂砍下，与左臂形成“十”字形，故名“十字砍”。目视左拳动作。（图 2–24）

②蹬左足，重心右移成右弓步；向右拧腰的同时右臂屈肘，右拳拳心向内，在右肩前竖起；左拳拳心向内，经面前向右臂外横臂砍下，与右臂形成“十”字形，目视右拳动作。（图 2–25）

16. 拍刀手

①重心移至左腿，右拳向身体右侧砍下。目视右拳动作。（图 2–26）

②右转身，上右足成四六步；同时右臂内旋，翻成拳心向下时向胸前平砍，成合抱姿势。目视前方。（图 2–27）

③右足前进一步，左足跟进仍成四六步；同时双拳张开，右臂内旋，翻成手心向下时向体前平砍，高与肩平。以上动作要一气呵成。目视前方。（图 2–28）

17. 八翻捶

①向左转体 90°，左足向左前方直上一步，右足跟进成四六步；同时右手向左前方抓下；左手握拳，拳心向上，自右手下向左前上方成锥拳挑打而出，高与鼻平。目视前方。（图 2–29）

②向右转体 90°，右足向右前方直上一步，左足跟进仍成四六步；同时左拳张开向右前方抓下，右手握拳，拳心向上，自左手下向右前上方成锥拳挑打而出，高与鼻平。目视前方。（图 2–30）

18. 十字砍

①左足向身后撤一大步，蹬左足右转体，成右弓步；随之，右臂屈肘，右拳拳心向内，在右肩前竖起；随着向右拧腰的动作，左手变拳，拳心向内，在右臂外侧横臂砍下，与右臂形成“十”字形。目视左前方。（图 2–31）

②蹬右足，重心左移，左转体成左弓步；随之左臂屈肘，左拳拳心向内，在左肩前竖起，右拳拳心向内，随着向左拧腰的动作，在左臂外侧横臂砍下，与左臂形成“十”字形。目视右前方。（图 2–32）

19. 反展手

向右转体 45°，右膝提起成独立步；同时双拳张开，手心向上，右手前，左手后，用手背向前贴压而下，停于右膝上方。目视前方。（图 2–33）

图 2-24

图 2-25

图 2-26

图 2-27

图 2-28

图 2-29

图 2-30

图 2-31

图 2-32

图 2-33

20. 双贯耳

①落右足，左膝提起成独立步；同时双手手心相对，手指向前，向面前穿出，高与肩平。目视前方。（图 2–34）

②左足落下成四六步；同时双手握拳向下搂落，按至双腿外侧。目视前方。（图 2–35）

③上左足成左弓步；同时右手握拳，向面前弧线圈击；左手手心啪的一声，握在右拳上。目视前方。（图 2–36）

图 2–34

图 2–35

图 2–36

21. 闭贴手

①右足向后撤半步，左足跟撤半步，成四六步；同时双手握拳，用拳背向下贴压，左拳在前，右拳在后，高与胸平。目视前方。（图 2–37）

②随之，左足进半步，右足跟进，仍成四六步；同时左拳拳心向上向面前钻出，右拳收于腰内侧。目视前方。（图 2–38）

22. 反背捶

右足前进一步，左足跟进，仍成四六步；同时右拳拳心向上，自左臂下向面前勾挑，随之，再用拳背向胸前反背砸下，左拳置于右肘内侧。目视前方。（图 2–39）

23. 双展耳

右足足尖里扣，向左转体 90°，成半马步；同时双臂内旋，双拳张开翻成手心向下时在面前抓下；随之，坐身成马步；同时双手手心向前，手指向上，自身体两侧向两耳侧立起。目视前方。（图 2–40、图 2–40 附图）

图 2-37

图 2-38

图 2-39

图 2-40

图 2-40 附图

24. 右盘肘

①左足尖外摆，向左转体 90° 成四六步；左手手心向内，在面前抓下，右手自然落于腰际。目视前方。（图 2-41）

②右足在左足前扣步；右手手心向下，在左肩外抓下，左手自然置于腹前。目视左前方。（图 2-42）

③双足不动，向左拧腰转体 180° ；同时右臂端平，右肘肘尖向前平摆打出，啪的一声拍在左手手心内。目视前方。（图 2-43）

25. 脱勾手

①向右转体 180° ，上右步，左足跟进成四六步；同时双手握拳，右拳翻成拳心向上时，用拳背向胸前拨挂压落，高与肩平，左拳自然落于腹前。目视前方。（图 2-44）

②左足前进一步，右足跟进，仍成四六步；同时松肩沉肘，左拳拳心向下，贴右臂之上，向前成锥拳打出，打出暗刚之力，右拳自然收于腹前。目视前方。（图 2–45）

③右足前进一步，左足跟进，仍成四六步；同时松肩沉肘，右拳拳心向下，贴左臂之上，成锥拳向前打出，打出暗刚之力，左拳自然收于腹前。目视前方。（图 2–46）

图 2–41

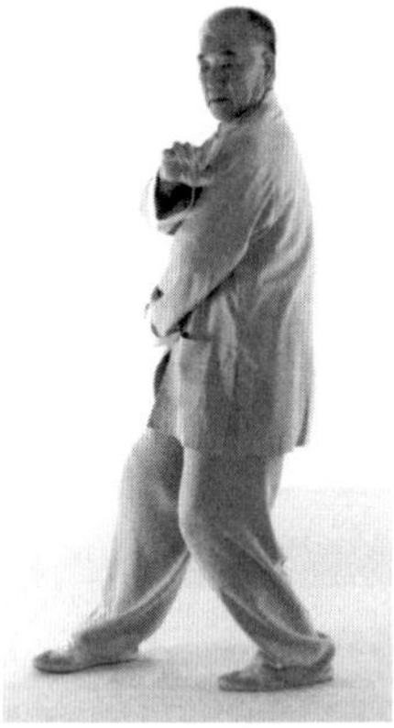

图 2–42

图 2–43

图 2–44

图 2–45

图 2–46

26. 挑捶

①右足向身后撤一大步，向右转体 180° 成四六步；同时右拳拳心向内，经腹前向身前撩出挑起，左拳自然落于腹前。目视前方。（图 2–47）

②上右足，左足跟进仍成四六步；同时左拳拳心向下，自右臂上向胸前锥拳打出，右拳自然落于腹前。目视前方。（图 2–48）

27. 后坐肘

①双足不动，双拳变手，左手手心向下，在右肩前抓下，右手自然落于腹前。目视左手动作。（图 2–49）

②左足向右足后撤步，向左转体 180° ；同时右手手心向下，在左肩前抓下，左手自然落于腹前。目视身体左侧。（图 2–50）

③向右拧腰转体 90° 的同时右足向后撤一步，左足向后跟撤半步，坐身成马步；同时左手手心推右拳，向身后平臂顶肘。目视前方。（图 2–51、图 2–51 附图）

图 2–47

图 2–48

图 2–49

图 2–50

图 2–51

图 2–51 附图

28. 右插剑

左足前进一步，右足跟进一步，仍是马步；同时双手变拳，左拳拳心向内，向面前挑起，右拳拳心向下成锥拳向胸前打出，高与胸平。松肩垂肘，目视右拳。（图 2–52、图 2–52 附图）

29. 花月背剑

①摆右足，向右转体 90°；同时右拳变掌。目视前方。（图 2–53）

②左足前进一步；同时右掌向面前弧线抓下，抓下后成半握拳，左拳拳心向上，在右手前横臂滚压而下。目视前方。（图 2–54）

③向右转体 180°，上左足，与右足并步半蹲；同时右手握拳，拳心向内，向面前穿挑而出，高与眉平，左拳置于右上臂内侧。目视前方。（图 2–55）

④上左足，足尖里扣；同时左拳拳心向内，自右臂下向面前穿挑，高与眉平，右拳置于左上臂内侧。目视前方。（图 2–56）

⑤屈左肘，左拳勾回，拳心向下时向左顶肘，重心移至左腿成左弓步，右手半握拳，向身后直臂撩出成背剑式，向右拧身。二目回视。（图 2–57）

30. 磨盘手

①向右转体 90°，回身摆右足，成四六步；同时右手向面前弧线抓下，左拳按于腹前。目视前方。（图 2–58）

②左足向右足前扣步，右转体成四六步；同时左臂外旋，翻至拳心向上时横左臂，自右前臂之上向前滚压而下。目视前方。（图 2–59）

③左转身成四六步；同时右手拳心向下成锥拳，向胸前打出，高与肩平，左拳置于右上臂外侧。目视前方。（图 2–60）

31. 弯弓勒马

向右转体 90° 成马步；同时左拳拳眼向上，自右臂下向身体左侧横臂抡打，右拳按于腹前。目视左前方。（图 2–61）

32. 右盘肘

①向左转体 90°，摆左足成四六步；同时左手半握拳，经胸前向面前弧线抓下，右拳按于腹前。目视前方。（图 2–62）

②向左足前扣右步；同时右手手心向下，在左肩外搂抓而下，左拳按于腹前。目视前方。（图 2–63）

③向左拧腰转体 180°，成左弓步；同时右臂屈肘，随拧腰动作右肘平摆打出，啪的一声，左手拍在右前臂外侧。目视前方。（图 2–64）

图 2-52

图 2-52 附图

图 2-53

图 2-54

图 2-55

图 2-56

图 2-57

图 2-58

图 2-59

图 2-60

图 2-61

图 2-62

图 2-63

图 2-64

33. 十字砍

①向右拧腰转体 180°，回身成四六步；同时右拳拳心向上，向胸前反臂劈砸而下，左手变拳按于腹前。目视前方。（图 2-65）

②右足前进一步，左足跟进仍成四六步；同时左手成锥拳，拳心向下，松肩垂肘，在右臂之上向胸前打出，右拳按于腹前。目视前方。（图 2-66）

③左足后撤一步，右足跟撤一步，左转身成马步；随着向左拧腰的动作，左拳拳心向内，在左肩前竖起，右拳拳心向内，弯臂屈肘，向左臂外横臂砍下，与左臂成“十”字形。目视前方。（图 2-67）

图 2-65

图 2-66

图 2-67

34. 左盘肘

①右转体 90°，右足前进一步成四六步；同时右手半握拳自下经胸前向面前弧线采抓而下，左拳置于腹前。目视前方。（图 2–68）

②左足向右足前扣步；同时左手半握拳自右肩前搂抓而下，两手置于腹前。目视前方。（图 2–69）

③双足不动，重心右移，向右拧腰转体 180° 成四六步；同时左臂屈肘，随拧腰动作左肘平摆打出，啪的一声，右手拍在左前臂外侧。以上动作要一气呵成。目视向左肘前方。（图 2–70）

图 2–68

图 2–69

图 2–70

35. 反背捶

向左转体 180°，上左足成半马步；同时右手向左肘外抓下，左拳拳心向上，向身体左侧反背劈砍。目视左拳动作。（图 2–71）

图 2–71

36. 拍刀手

①左转体 90°，左拳屈肘收回，拳心向下，与右拳相对；随之双拳上下翻动，当翻至右拳在上，左拳在下时停至两腋外侧。目视前方。（图 2–72、图 2–72 附图）

②随之，右足向右移半步，左足跟移成马步；同时右拳拳心向下，向身体右侧抡臂平砍而出，高与肩平。目视右前方。以上动作要一气呵成。（图 2–73、图 2–73 附图）

③向左转体 180°，上右足成四六步；同时右拳变掌，掌心朝外，向面前穿挑而起，左拳按于腹前。目视前方。（图 2–74）

④上左足成扣步；同时左拳拳心向上，向面前反臂劈砍；随之向右转体 90° 成马步；双臂胸前抱拢，右掌变拳，拳心向上。目视前方。（图 2–75）

⑤左足向左平移半步，右足跟移半步，仍成马步；同时左臂内旋，翻成拳心向下时向身体左侧抡臂平砍而出，高与肩平，右拳按于腹前。目视左拳动作。以上动作要连贯，一气呵成。（图 2–76）

37. 肘底看捶

向左转体 90°，上右步，左腿弯曲，重心左移成四六步；同时左拳拳心向下，屈肘横臂在右臂下下压，右臂屈肘立前臂，肘尖向上顶出。目视前方。（图 2–77、图 2–77 附图）

38. 退步撩阴

向右转体 180°，上左足成左弓步，向右拧身回头；随着转身动作，右拳向身后直臂撩出，左臂弯曲，停于胸前。目视撩阴动作。（图 2–78）

39. 虎撑

①拧足回身，双拳张开，手心向下，自身体两侧弧线圈回，在胸前搂抓而下。目视前方。（图 2–79）

②向右转体 180°，成四六步；右足前进一步，左足跟进仍成四六步（或弓步）；同时双手握拳，拳心向下，双拳拳眼贴拢向前冲撞。目视前方。（图 2–80）

40. 肘底看捶

以双足足跟为轴，向左转体 180°，拧足回身，左足跟着地；同时左拳拳心向内，屈肘，在面前竖臂上钻，右拳拳心向内，在左拳前面横臂下砍。目视前方。（图 2–81）

41. 连环挑进手

①左脚落平；右拳拳心向内，贴胸部向面前穿挑而出，左拳按于腹前。目视前方。（图 2–82）

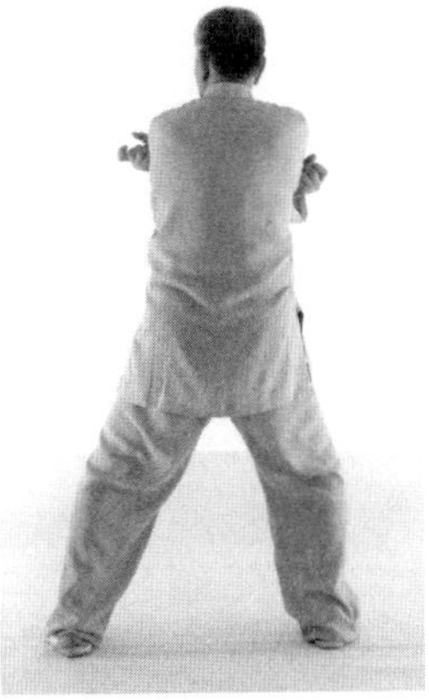
图 2-72

图 2-72 附图

图 2-73

图 2-73 附图

图 2-74

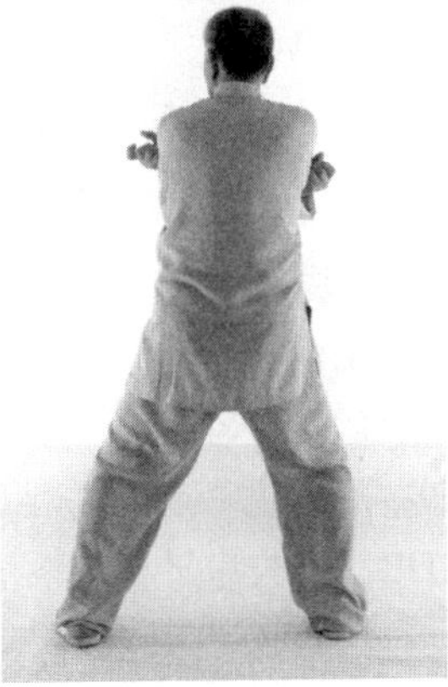
图 2-75

图 2-76

图 2-77

图 2-77 附图

图 2-78

图 2-79

图 2-80

图 2-81

图 2-82

②左足前进一步，右足跟进仍成四六步；松肩沉肘，左拳拳心向下，成锥拳向胸前打出，高与肩平，右拳按于腹前。目视前方。（图 2-83）

③双足不动；右拳拳心向内，贴胸部向面前穿挑而出，左拳按于腹前。目视前方。（图 2-84）

42. 插捶

①左足前进一步，右足跟进仍成四六步；松肩沉肘，左拳拳心向下，成锥拳向胸前打出，高与肩平，右拳按于腹前。目视前方。（图 2-85）

②右足前进一步，左足跟进仍成四六步；松肩沉肘，右拳拳心向下，成锥拳向胸前打出，高与肩平，左拳按于腹前。目视前方。（图 2-86）

图 2-83

图 2-84

图 2-85

图 2-86

43. 反背手

右足前进一步，左足跟进仍成四六步；同时双拳张开，右臂外旋，翻成手心向上时，向胸前呈弧线反臂劈砸而下，右手在前，左手在后。目视前方。（图 2–87）

44. 双展手

向前上左足，足尖里扣，向右转体 180°，仍成四六步；同时双手手心向上，向身体右侧横展沉压，右手在前，左手在后。目视双手动作。（图 2–88）

45. 捧合手

左转身成马步，双手手心向下，分别向腹前下抓，随之双手向体前合捧；此时右手已变拳，拳心向内，击在左手手心内。目视前方。（图 2–89、图 2–89 附图）

图 2–87　图 2–88　图 2–89　图 2–89 附图

46. 十字砍

①向左转体 90°，上右足，左足跟进成四六步；同时右拳拳心向上，向腹前反背挂压而下，左手握拳，拳心向下成锥拳，自右臂上向胸前打出，高与胸平。目视前方。（图 2–90）

②左足后撤一步，右足跟撤一步成马步；同时向左转体 90°；左拳拳心向内，在左额前竖起；右拳拳眼向上，横臂屈肘，在左臂前砍下，落于左肘下方。目视右前方。（图 2–91）

图 2–90　图 2–91

47. 浪里滚沙

①向右转体 90°，上右足成四六步；同时右拳拳心向内，向面前穿挑竖起，高与鼻平，左拳按于腹前。目视前方。（图 2–92）

②上左足仍成四六步；同时左臂外旋，翻至拳心向上时向面前反背劈砍，右拳置于左肘内侧。目视前方。（图 2–93）

③左足尖里扣，向右转体 90° 成半马步；左臂屈肘，左拳拳心向内，向回带至右肘外侧，双臂合抱于胸前。目视前方。（图 2–94、图 2–94 附图）

④左足横进一步，右足跟进，坐身成半马步；同时右拳不动；左拳拳眼向上，用拳背向身体左下方横臂抡打，高与腹平。目视左拳。（图 2–95）

⑤向左转体 90°，左足尖外摆成四六步；同时左拳拳心向内，向面前穿挑竖起，高与鼻平，右拳按于腹前。目视前方。（图 2–96）

⑥上右足仍成四六步；同时右臂外旋，翻至拳心向上时向面前反背劈砍，左拳置于右肘内侧。目视前方。（图 2–97）

⑦右足尖里扣，向左转体 90° 成半马步；左拳不动，右臂屈肘，右拳拳心向内，向回带至左肘之上，双臂胸前合抱。目视前方。（图 2–98）

⑧右足横进一步，左足跟进，坐身成半马步；同时左拳不动，右拳拳眼向上，用拳背向身体右下方横臂抡打，高与腹平。目视右拳。（图 2–99）

48. 挑进手

①向右转体 90°，右足前进一步成四六步；同时右拳拳心向内、向面前穿挑而起，高与眉平，左拳按于腹前。目视前方。（图 2–100）

②撤右足成虚步；同时左拳拳心向内，自右臂下向面前穿挑而起，高与眉平，右拳置于左肘内侧。目视前方。（图 2–101）

③右足前进一步，左足跟进，仍成四六步；同时右臂内旋，翻至拳心向下时成锥拳，在左臂上方向胸前打出，高与胸平，左手半握拳置于右肘内侧。目视前方。（图 2–102）

49. 反背手

右转体 180°，右足前进一步，左足跟进，仍成四六步；同时双臂外旋，翻至拳心向上时，双拳张开，向面前呈弧线反背劈下，高与胸平。目视前方。（图 2–103）

50. 撩阴手

向左转体 90°，左足尖外摆，屈膝坐身，右足前进一步，足尖点地成虚步；同时右手手指向下，自下向腹前撩挑而出，左手托于右腕。目视前方。（图 2–104、图 2–104 附图）

图 2-92

图 2-93

图 2-94

图 2-94 附图

图 2-95

图 2-96

图 2-97

图 2-98

图 2-99

图 2-100

图 2-101

图 2-102

图 2-103

图 2-104

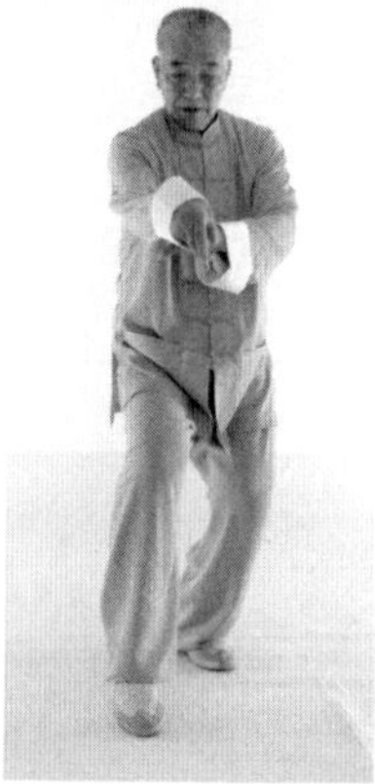

图 2-104 附图

51. 破漏肘

①向左转体 90°，上右足成四六步；同时右臂外旋，手心向内、向上伸至头上，随之向前弧线采抓而下，左手按于腹前。目视前方。（图 2-105）

②左足在右足前扣步仍成四六步；同时左手手心向下，在右肩前搂抓而下，右手按于腹前。目视前方。（图 2-106）

③左足前进一步，右足跟进成跪步，两膝弯曲，名“玉环步”；同时右臂屈肘，右肘肘尖向右前方顶出，啪的一声，左手拍在右前臂内侧。目视前方。以上动作要一气呵成。（图 2-107）

图 2-105

图 2-106

图 2-107

52. 十字砍

①右转体 180° ，回身上右足成四六步；同时右拳拳心向上，向腹前反背挂压而下，左手握拳，拳心向下成锥拳，自右臂上向前打出，高与胸平。目视前方。（图 2–108）

②向左转体 90° ，左足后撤一步，右足跟撤一步成马步；左拳拳心向内，在左额前竖起，右拳拳眼向上，屈臂横肘在左臂前砍下，置于左肘下方。目视左前方。（图 2–109）

53. 虎坐

向左转体 90° ，左足足跟着地，足尖翘起，向前搓进一步，右腿弯曲，名曰“虎坐步”；同时双拳变掌，掌心向下，拇指外沿相贴，随向左转体的动作，向左画弧。目视前方。（图 2–110）

图 2–108

图 2–109

图 2–110

54. 双插剑

向右转体 180° ，重心左移成右弓步；同时双臂内旋，双手并拢成锥拳，拳心向下，由胸前顶出。目视前方。（图 2–111）

图 2–111

55. 穿挑手

①上右足成四六步；同时右臂外旋，翻成拳心向上时向面前穿挑而起，左拳按于腹前。目视前方。（图 2–112）

②向左转体 180°，成四六步；左臂外旋，翻成拳心向上时，自右臂下向面前穿挑而起，右拳按于腹前。目视前方。（图 2–113）

56. 背剑

左足尖里扣，向左拧腰转体，右足前进成右弓步；同时右肘向头部上方顶起，左拳向身体后方直臂撩出。目视左拳动作。以上的穿挑手、背剑动作要连贯，一气呵成。（图 2–114）

图 2–112

图 2–113

图 2–114

57. 飞擒手

①向左转体 180°，上左足成四六步；同时左拳张开，五指弯曲，向面前弧线抓下，右拳张开，自然垂于体侧。目视前方。（图 2–115）

②上右足，左足跟进成四六步；同时右臂屈肘，向面前弧线圈打，双手握拳，右拳拳心向下，停至左肩前，左拳置于右肘下方。目视前方。（图 2–116）

③上右足，左足跟进仍成四六步；双拳变掌，右掌掌心向下，向身前横臂砍下，左掌置于右肘内侧。目视右掌动作。（图 2–117）

④上右足，同时右手向面前弧线抓出，左手置于腹前。目视前方。（图 2–118）

⑤上左足，右足跟进，右转体成四六步；同时双手握拳，左拳拳心向下，弯臂屈肘，向面前弧线圈回，停至右肩前，右拳置于左肘下方。目视前方。（图 2–119）

⑥上左足，右足跟进，左转体成四六步；双拳变掌，左掌掌心向下，向身前横臂砍下，右掌按于腹前。目视左掌动作。（图 2–120）

图 2-115

图 2-116

图 2-117

图 2-118

图 2-119

图 2-120

58. 闭捶

①上右足，重心落于左腿成四六步；右臂外旋，双手变拳，右拳拳心向上向身前沉压而下，闭贴对方来手，左拳置于右肘内侧。目视前方。（图 2-121）

②左转体 180°，上右足成四六步；左拳拳心向下成锥拳，自右臂之上向胸前打出，高与胸平，右拳按于腹前。目视前方。（图 2-122）

图 2-121

图 2-122

③右臂内旋，翻成拳心向下成锥拳，自左臂之上向胸前打出，左手半握拳置于右肘内侧。以上动作要一气呵成，打出暗刚之劲。目视前方。（图 2–123 ）

59. 扫边手

向左转体 180° ，右足向身体左侧横上一步，两腿弯曲，左膝顶于右膝内侧；同时右拳变掌，掌心向上，向身体左侧平扫而出，左拳置于右肘下。目视左前方。（图 2–124）

60. 单弓肘

①向左前方上左步成半马步；同时左拳拳心向上，自右臂下向面前穿挑而出，随之弧线圈回，收至胸前，右掌包托左拳。目视左前方。（图 2–125）

②向右转体 180° ，左足左移一步，右脚跟移一步成马步；同时右手手心把左拳向身左侧推出，顶出左肘尖。目视左侧。（图 2–126）

61. 收势

收左足，成立正姿势，精神集中，气沉丹田。目视前方。（图 2–127 背面图）

图 2–123

图 2–124

图 2–125

图 2–126

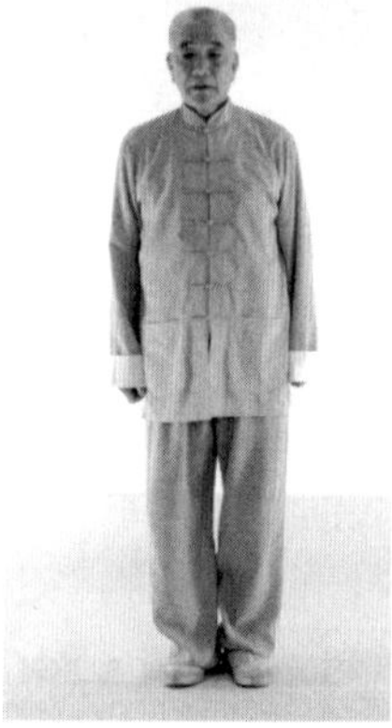

图 2–127 背面图

截手圈

二、截手圈

（动作演示：仇富军）

“截手圈”是六合螳螂拳的 7 个套路中最短的一个。全套往返 3 次，直来直往，不在起势处收势。整个套路要求动作紧凑，劲力柔中寓刚，浑厚迅猛。在打“接手圈”时，用甩臂的惯性，圈出全身之力，由下而上“一圈到底”。

整个套路要点：自然呼吸，气沉丹田，有一泻千里之势。

（一）动作名称

1. 起势
2. 磨盘手
3. 撑抹手
4. 斧刃脚
5. 翻车手
6. 接手圈
7. 脱勾手
8. 扫边手
9. 勾搂捶
10. 撑抹手
11. 斧刃脚
12. 翻车手
13. 接手圈
14. 脱勾手
15. 扫边手
16. 勾搂捶
17. 大封手
18. 捆封手
19. 连环踩踹
20. 投截手
21. 收势

（二）动作图解

1. 起势

头正颈直，嘴微闭，舌抵上腭，成立正姿势；双臂自然下垂于身体两侧，提肛溜臀，自然呼吸，气沉丹田，精神集中。目视前方。（图 3–1）

2. 磨盘手

①右足前进一步，足尖外展 45°；同时右手手指向上，手心向内，贴胸部向上穿起（图 3–2）；随之右臂内旋，当拧成小指外沿向前时在面前弧线抓下。目视右手动作。

②上左足，同时双手握拳，拳心向上，右臂屈肘横于胸前，左前臂在右前臂上向下滚压。目视前方。（图 3–3）

③重心前移成左弓步；右拳拳心向下成锥拳，自左臂上向胸前打出，高与肩平，要打出暗刚之力，左拳收抱腰间。目视前方。（图 3–4 ）

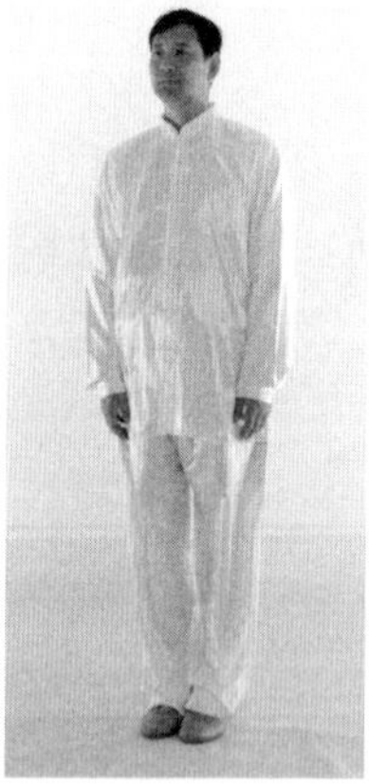

图 3–1

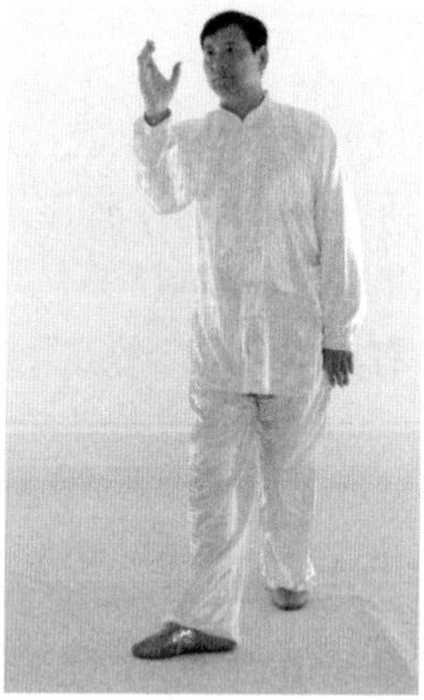

图 3–2

图 3–3

图 3–4

3. 撑抹手

左足前进一步，右足跟进，重心前移，仍成左弓步；同时左手变掌，掌指向上，掌心向前，自右臂下面向胸前推出，右手变掌按于腹前。要松肩沉肘推出向上的撑撞之力，名曰“撑抹”。目视前方。（图 3–5）

4. 斧刃脚

左足前进一步；左手手心向上，右手手心向下，在腹前握拳，仿佛抓住对方手臂向右捋带；随之右足足心向前，足尖后勾，自下向前横踹而出（踹击对方迎面骨），力在足心，高不过膝，要快速有力。目视前方。（图 3–6）

5. 翻车手

①右足落于左前方，膝部弯曲成交叉步；双手姿势不变。目视前方。（图 3–7）

②左足前进一小步；同时左手握拳，拳心向内，在胸前伸起，边起边内旋，当拧成拳心向右时，向面前沿弧线劈砍，右拳置于左肘内侧。目视前方。（图 3–8）

③上右足，与左足并步，屈膝；同时右手握拳，拳心向左，自左前臂后向面前沿弧线劈砍，左拳置于右肘内侧。目视前方。（图 3–9）

④右足前进一小步成四六步；右手握拳，拳心向内，在胸前伸起，边起边内旋，当拧成拳心向左时，向面前沿弧线劈砍，左拳置于右肘内侧。目视前方。（图 3–10）

⑤上左足，与右足并步，屈膝；左手握拳，拳心向右，自右前臂后向面前沿弧线劈砍，右拳置于左肘内侧。目视前方。（图 3–11）

要点：以上动作要一气呵成，要圆活紧凑，不许有丝毫停滞。劈砍时要沉肩坠肘，力往下沉，砍出全身之力，又名“上步乱劈栽”。

6. 接手圈

①向左转体 45°，上左足成四六步；同时双拳张开，左手手心向下，向身左抓下，右手握拳，垂于腹前。目视前方。（图 3–12）

②右足向身后撤一大步；同时右手握拳，拳心向下，向面前弧线抡臂圈打，啪的一声，右臂拍在左手手心内。目视前方。（图 3–13）

要点：圈打时要随抡臂圈打的惯性圈出浑身之力。

图 3–5

图 3–6

图 3–7

图 3–8

图 3–9

图 3–10

图 3–11

图 3–12

图 3–13

7. 脱勾手

①右转 45°，右足前进一步，左腿弯曲跟进成四六步；同时右臂外旋，当翻成拳心向上时在胸前向外拨挂压落，左手按于右肘内侧。目视前方。（图 3-14）

②左手握成锥拳，拳心向下，在右臂上向胸前打出，高与肩平，右拳收抱腰间。目视前方。（图 3-15）

③随之，右足再前进一步，左足跟进仍成四六步；同时右臂内旋，当翻成拳心向下时成锥拳，贴左臂上面向胸前打出，左拳拳心向上抽回于右肘内侧，要松肩沉肘打出暗刚之力。以上动作紧凑连贯，一气呵成。目视前方。（图 3-16）

图 3-14

图 3-15

图 3-16

8. 扫边手

①右足前进一步；同时双拳变掌，右掌一边翻成手心向上，一边向后收回，当收至胸前时翻成手心向下，用小指外沿向面前弧线平扫，左掌按于右肘下方。目视前方。（图 3-17）

②左腿弯曲跟进，仍成四六步；同时左臂内旋，当翻成手心向下时，用小指外向面前沿弧线平扫，右掌按于左肘下方。目视前方。（图 3-18）

③右足前进一步；左臂内旋，一边翻成手心向下，一边用小指外沿向面前弧线平扫，右掌按于左肘下方。目视前方。（图 3-19）

④左腿弯曲跟进，仍成四六步；同时右臂内旋，当翻成手心向下时，用小指外沿向面前弧线平扫，左掌按于右肘下方。目视前方。（图 3-20）

要点： 平扫时要松肩坠肘，要先扫其面再横开其手，故名“扫边手”。以上动作要灵活，协调，圆顺，一气呵成。

图 3–17

图 3–18

图 3–19

图 3–20

9. 勾搂捶

①右膝提起；同时双手手指弯曲，右手手心向内，手指向上，贴胸前向上钻起，当钻到头部前上方时前臂内旋，拧成小指外沿向前时屈腕，先小指再无名指、中指依次弯曲，向面前弧线抓下，名曰“勾手”，左手按于右肘下方。目视前方 。（图 3–21 ）

②左手手心向下，五指弯曲，当右手向下勾抓时，自右前臂后面向面前沿弧线按下，名曰“搂手”。目视前方。（图 3–22 ）

③向前落右足成四六步；右手握成锥拳，拳心向下，松肩沉肘向胸前打出，高与肩平，打出暗刚之力，左手握拳按于腹前。目视前方 。（图 3–23 ）

图 3–21

图 3–22

图 3–23

10. 撑抹手

①右足足尖里扣，向左转体 180°；同时双拳张开，右手手心向上，手指向前，自身后向胸前托出，左手按于腹前。目视前方。（图 3–24）

②左足前进一步，蹬右足，重心前移成左弓步；同时左手手指向上，手心向前，自右臂下向胸前撑撞推出，右手按于腹前。目视前方。（图 3–25）

要点：要推出向上的撑撞之力。

11. 斧刃脚 ~16. 勾搂捶

动作同 4. 斧刃脚 ~9. 勾搂捶，唯方向相反。（图 3–26 ）

图 3–24

图 3–25

图 3–26

17. 大封手

向左转体 180°，上左足成四六步；同时双拳张开，左手手指向上，小指外沿向前，自右臂外与右手手心相对，一齐向身前弧线封劈而下，劈下后双手半握拳。目视前方。要封劈出全身之力。（图 3–27 ）

18. 捆封手

①上右足，双拳张开，左手手心向前，手指向上，贴胸部向上穿起，当穿至头部前上方时，前臂内旋，拧成小指外沿向前时，先小指再无名指、中指依次弯曲弧线抓下；随之，以左足为轴拧动双足，屈膝坐身；同时右手握拳，横前臂，自左前臂上滚压而下，双臂交叉，停于胸前，名曰“捆手”。目视前方。（图 3–28 ）

②上右足，左腿弯曲，跟进成四六步；同时双拳张开，手心相对，小指外沿向前，右手在前，左手在后，弧线抓劈而下，名曰“封手”，一封到底，封出浑身之力。目视前方。以上动作，一气呵成，名曰“捆封手”。（图 3–29）

图 3–27

图 3–28

图 3–29

19. 连环踩踹

①双手半握拳，拳心相对，右拳在前，左拳在后，停于腹前，仿佛双手抓着对方手臂；右足前进一步，左足提起，足尖后勾，足心向前连踩带踹，高不过膝。目视左足。（图 3–30）

②左足前落，右足提起，足尖后勾，足心向前，向右前下方连截带踹而出，高不过膝。目视右足。（图 3–31）

图 3–30

图 3–31

20. 投截手

①右足落下，成半马步，右手握拳，在右腿外侧砍下，左手成掌，立于左肩前。目视前方。（图 3–32）

②向下坐身成马步；同时右手握拳，拳心向内，自下向上钻起，啪的一声，左手手心拍在右臂内侧；右手钻出之拳高过头部，又名“掳穿”。钻出时用锥拳要疾速，冷脆有力。目视右拳动作。（图 3–33 ）

21. 收势

右转身，收左足，成立正姿势，气沉丹田，精神集中。目视前方。（图 3–34）

图 3–32

图 3–33

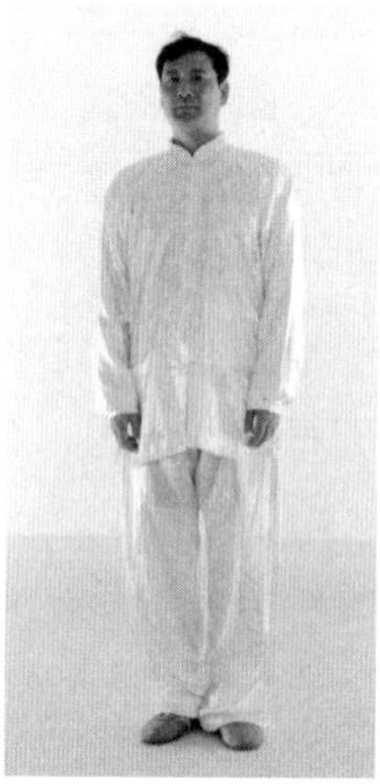

图 3–34

三、铁刺

（动作演示：刘敬儒）

铁刺

“铁刺”是六合螳螂拳中较短的套路，以“螳螂勾刊”为主。“螳螂勾刊”又名“铁刺”，它形象地体现了螳螂两个前臂又勾又刊、又搂又挂、勇猛向前的特点。整个套路动作严谨，一式接一式，毫无间隙，有如江河流水，滚滚向前，绵延不绝。练习时往返三趟，不在起势处收势。练习时要自然呼吸，气沉丹田。

（一）动作名称

1. 起势
2. 搅手八翻
3. 连环手
4. 挑进手
5. 反展手
6. 撑抹手
7. 迎门挂印
8. 藏花手
9. 螳螂勾刊
10. 螳螂拐手
11. 螳螂勾刊
12. 反展手
13. 撑抹手
14. 迎门挂印
15. 藏花手
16. 螳螂勾刊
17. 螳螂拐手
18. 大封手
19. 捆封手
20. 连环踩踹
21. 投截手
22. 收势

（二）动作图解

1. 起势

头正颈直，嘴微闭，舌抵上腭，成立正姿势；双臂自然下垂身体两侧，提肛溜臀，自然呼吸，气沉丹田，精神集中。目视前方。（图 4–1 ）

2. 搅手八翻

①左手手指向前，手心向下，先向胸前再回到腹前画一椭圆。目视前方。（图 4–2 ）

②右手手指向前，手心向下，在左手之上先向胸前再回到腹前画一平圆。目视前方。（图 4–3 ）

③上右步成四六步；同时左手手心向下，握拳抓至腹前，右手手心向上，握拳向面前穿挑而出。目视前方。（图 4–4 ）

图 4–1

图 4–2

图 4–3

图 4–4

3. 连环手

①上右足，左足跟进，成四六步；同时双拳张开，右手手指向上，小指外沿向前，向面前钻起，左手按于右肘下。目视前方。（图 4–5）

②右手先小指再无名指、中指依次弯曲，向胸前弧形勾下；左手手指向上，小指外沿向前，自右臂之后向面前钻起。目视前方 。（图 4–6 ）

③左手先小指再无名指、中指依次弯曲，向胸前弧形勾下；右手手指向上，小指外沿向前，自左臂之后向面前钻起。目视前方。（图 4–7）

要点：此时右手已向前勾挂一圈，左手一圈，右手又一圈。圈要小，动作要快，一气呵成，故名“连还手”。

图 4–5

图 4–6

图 4–7

4. 挑进手

①双手握拳，右拳拳心向内，自腹部向面前挑起，高与眉平，左拳拳心向上，置于腹前。目视前方。（图 4–8）

②左臂外旋，拳心向内，自腹部向面前挑起，高与眉平，右拳拳心向上，置于腹前，目视前方。（图 4–9）

③右足前进一步，左足跟进，仍成四六步；同时右臂内旋，当翻成拳心向下时，成锥拳向胸前打出，高与肩平，左拳拳心向上，置于腹前。目视前方。（图 4–10）

要点：以上三个动作要圆活连贯，一气呵成。

5. 反展手

左足足跟着地，足尖翘起，搓地前进一步；同时双拳张开，左手自右臂下外旋翻展，要有向前、向下的搅动贴压之力，目的是粘贴对方手臂，又名“沾黏手”，右手沉贴于左臂之上。目视前方。（图 4–11）

图 4–8

图 4–9

图 4–10

图 4–11

6. 撑抹手

左足前进一步成左弓步；同时双臂内旋，当双手翻成手心向前，手指向上时，自下而上向胸前推撞而出。目视前方。（图 4–12）

7. 迎门挂印

左足前进半步，右足跟进成四六步；同时左手手心向下按压，右手手指向上，小指外沿向前，在左手上向面前左前方立臂砍出。目视前方。（图 4–13）

8. 藏花手

左足前进一步，右足跟进，仍成四六步；同时左手手心斜向前方，自右臂下向胸前弧线抓下，右手收至左肩前。目视前方。（图 4–14）

图 4–12

图 4–13

图 4–14

9. 螳螂勾刊

①右腿屈膝提起成独立步；同时双手手心向内，手指向上，在面前钻起，右手在上，左手在下。目视前方。（图 4–15）

②落右足，跟左足成四六步；同时右臂内旋，当拧成小指外沿向前时，先小指，再无名指、中指依次弯曲握拳，向腹前沿弧线勾砍而下；同时左手手指向上，小指外沿向前，自右臂之后向面前勾砍。目视前方。（图 4–16）

③右足前进一步；左手手指向上，手心向内，在面前钻起。二目上视。（图 4–17）

④左足跟进，仍成四六步；左臂内旋，当拧成小指外沿向前时，先小指再无名指、中指依次弯曲握拳，向腹前沿弧线勾砍而下；同时右手手指向上，小指外沿向前，自左臂之后向面前勾砍。目视前方。（图 4–18）

⑤右足前进一步；右手手指向上，手心向内，在面前钻起。二目上视。（图 4–19）

⑥左足跟进，仍成四六步；右臂内旋，当拧成小指外沿向前时，先小指再无名指、中指依次弯曲握拳，向腹前呈弧线勾砍而下；同时左手手指向上，小指外沿向前，自右臂之后向腹前勾砍。目视前方。（图 4–20）

要点：以上动作要连贯， 一气呵成，两手似螳螂两臂，如斧似锯，连勾带砍。此式又名“铁刺手”。

图 4–15

图 4–16

图 4–17

图 4–18

图 4–19

图 4–20

10. 螳螂拐手

当左手勾挂砍下后，以两足足跟为轴，向左转体 180° ，仍成四六步；同时双手成掌，左掌手指向上，自下而上向胸前弧线挑起，高与肩平，右掌按于腹前。目视前方。（图 4–21）

11. 螳螂勾刊

①右足提起成独立步；同时右手手心向内，手指向上，在面前钻起，左手按于右膝内侧。目视前方。（图 4–22）

②落右足成四六步；右臂内旋，当拧成手指向上、小指外沿向前时，小指、无名指、中指依次弯曲，向面前沿弧线勾砍，左手置于右肘内侧。目视前方。（图 4–23 ）

③当右手勾砍而下时，左手手指向上，小指外沿向前，自右臂后向面前先小指再无名指、中指依次弯曲，沿弧线勾砍，右手按于腹前。目视前方。（图 4–24）

④左手勾砍而下后，上右足，跟左足，仍成四六步；同时左手手心向内，手指向上，向面前钻起，右手按于左肘内侧。目视前方。（图 4–25）

⑤当左臂内旋拧成小指外沿向前勾砍时，右手小指外沿向前，先小指再无名指、中指依次弯曲，向面前沿弧线勾砍，左手按于右肘内侧。目视前方。（图 4–26 ）

⑥右手勾砍而下后，上右足，跟左足，仍成四六步；同时右手手心向内，手指向上，向面前钻起，左手按于右肘内侧。目视前方。（图 4–27 ）

⑦当右臂内旋拧成小指外沿向前勾砍时，左手小指外沿向前，先小指再无名指、中指依次弯曲，向面前沿弧线勾砍，右手按于左肘内侧。目视前方，以上动作一气呵成。（图 4–28 ）

图 4–21

图 4–22

图 4–23

图 4–24

图 4–25

图 4–26

图 4–27

图 4–28

12. 反展手

左足足跟着地，足尖翘起，搓地前进一步；同时左手自右臂下外旋翻展，要有向前、向下的搅动之力，目的是粘贴对方手臂，又名“沾黏手”，右手贴在左臂上助力。目视前方。（图 4–29）

13. 撑抹手

左足前进一步成弓步；同时双臂内旋，翻成手心向前、手指向上时，左手在前，右手在后，一起自下而上向胸前推撞而出，名曰“撑抹手”。目视前方。（图 4–30）

14. 迎门挂印

左足前进半步，右足跟进成四六步；同时左手手心向下沉压，置于右上臂外侧，右手手指向上、小指外沿向前，自左手上向面前砍出。目视前方。（图 4–31 ）

图 4–29

图 4–30

图 4–31

15. 藏花手

左足前进一步，右足跟进，仍成四六步；同时左手虎口向上，手心斜向前方，自右臂下向胸前弧线抓下，右手置于左肘上方。目视前方 。（图 4–32）

16. 螳螂勾刊

①右腿屈膝提起成独立步；同时双手手心斜向内，手指向上在面前钻起，右手在上，左手在下。目视前方。（图 4–33 ）

②落右足成四六步；同时右臂内旋，当拧成手指向上、小指外沿向前时，先小指再无名指、中指依次弯曲，向面前沿弧线勾砍而下；同时左手手指向上，小指外沿向前，向面前沿弧线勾砍。目视前方。（图 4–34）

③左手勾砍而下后，又手指向上、手心向内在面前钻起。目视前方。（图 4–35）

④左臂内旋，当拧成手指向上、小指外沿向前时，先小指再无名指、中指依次弯曲，向面前沿弧线勾砍而下，左手置于右肘内侧。目视前方 。（图 4–36 ）

⑤右足前进一步，左足跟进，仍成四六步；同时右手手心向内在面前钻起，再小指外沿向前呈弧线勾砍，左手置于右肘内侧。目视前方。（图 4–37 ）

⑥当右手勾砍而下后，左手小指外沿向前，向面前沿弧线勾砍而下，砍下后成半握拳，右手握拳置于腹前。目视前方。（图 4–38）

图 4–32

图 4–33

图 4–34

图 4–35

图 4–36

图 4–37

图 4–38

17. 螳螂拐手

当左手勾挂砍下后，以足跟为轴，向左转体 180° ，仍成四六步；同时双拳张开，左手手指向上，虎口向后，自下而上向胸前弧线撩挑而起，高与肩平，右手按于腹前。目视前方 。（图 4–39）

18. 大封手

上左足成四六步；同时左手手指向上，小指外沿向前，自右臂外同右手手心相对，一起向身前弧线抡劈而下，左手在前，右手在后，劈下后双手半握拳，要封劈出全身之力。目视前方。（图 4–40）

图 4–39

图 4–40

19. 捆封手

①向右转体 180°，上左足成四六步；同时双拳张开，左手手心向内，手指向上贴胸部向上钻起，随之前臂内旋，当拧成小指外沿向前时，在面前弧线采抓而下，右手按于腹前。目视前方。（图 4–41）

②以左足为轴左转 180°，拧动坐身成歇步；同时双臂屈肘，双手握拳，右前臂向左前臂滚压而下，双拳停于胸前。目视前方。（图 4–42）

③上右足，跟左足成四六步；同时双拳张开，双手手心相对，小指外沿向前，右手前，左手后，一起向胸前弧线抡劈而下。目视前方。（图 4–43）

图 4–41

图 4–42

图 4–43

20. 连环踩踹

①双手半握拳，拳心相对，停于胸前，仿佛抓着对方手臂似的；右足前进一步，左足提起，足尖后勾，足心向前连踩带踹，高不过膝。目视前方。（图 4–44）

②左足前落，右足提起，足尖后勾，足心向前，向前下方连截带踹而出，高不过膝。目视右足。（图 4–45）

21. 投截手

①右足落下，向左转体 90° 成半马步；同时右手手指向下，向右腿外侧砍下，左手立于头部左侧，手心朝前。目视右手动作。（图 4–46）

②向下坐身成马步；右臂屈肘，右手握锥拳，拳心向内在面前自下向上钻起，啪的一声，左手手心拍在右臂内侧。目视右手动作。（图 4–47 ）

22. 收势

收左足，成立正姿势，气沉丹田， 精神集中。目视前方。（图 4–48 ）

图 4–44

图 4–45

图 4–46

图 4–47

图 4–48

四、藏花

（动作演示：任寿然）

藏花

"藏花"是一套紧凑、严密、连环性极强的套路，招中有招，势中有势，忽左忽右，指上打下。其中铁轮手、捽手挂印、投手撩阴、大展拍等，弧线进击，趁势而入，变化多端。套路中的拗步藏花、顺步藏花更是奥妙无穷。此套路往返三次，不在起势处收势。练习时要自然呼吸，气沉丹田，打出暗刚暗柔之力。

（一）动作名称

1. 起势
2. 搓挪手
3. 大封手
4. 连环手
5. 捽手挂印
6. 拗步藏花
7. 顺步藏花
8. 投手撩阴
9. 扑面掌
10. 反展手
11. 撑抹手
12. 迎面圈捶
13. 大展拍
14. 脱勾手
15. 盘龙手
16. 落步圈捶
17. 大展拍
18. 勾搂捶
19. 磨盘手
20. 铁轮手
21. 大展拍
22. 勾搂捶
23. 大封手
24. 捆封手
25. 连环踩踹
26. 投截手
27. 收势

（二）动作图解

1. 起势

头正颈直，嘴微闭，舌抵上腭，成立正姿势，双臂自然下垂于身体两侧，提肛溜臀，自然呼吸，气沉丹田，精神集中。目视前方。（图 5-1）

2. 搓挪手

右足前进一步，左足跟进成四六步；同时右手拇指向上，手指向前刺出；左手向右拍于右前臂内侧。目视前方。（图 5-2）

要点：刺出时，力在指端，动作要凌厉、快速、有力。

3. 大封手

右足前进一步，左足跟进成四六步；同时双手回收于腹前，随之，右手自左臂外与左手手心相对，小指外沿向前，右手前，左手后，同时向面前弧线抡劈而下，劈至腹前时双手握拳。目视前方。（图 5-3）

要点：抡拳时要快速，劈出全身之力，故称“一封到底”。

图 5-1

图 5-2

图 5-3

4. 连环手

①上右足，左足跟进成四六步；同时双拳张开，右手手指向上，手心向内，贴胸部向上钻起，随之，前臂内旋，当拧成小指外沿向前时，先小指再无名指、中指依次弯曲，向面前弧线勾下，左手按于右肘内侧。目视前方。（图 5-4）

②当右手正在向下勾时，左手手指向上，小指外沿向前，自右臂后向面前勾下。目视前方。（图 5-5）

③当左手正在向下勾时，右手手指向上，小指外沿向前，自左臂后向面前勾下。目视前方。（图 5-6）

要点：以上动作要连贯，一气呵成，故名“连环手”。

图 5–4

图 5–5

图 5–6

5. 摔手挂印

右足前进一步，左足跟进，仍成四六步；同时右手握拳，拳心向上，用拳背向面前反背砸下，高与肩平；同时左手握拳，拳眼向后，向上封挂而起，停于左额前方。目视前方。（图 5–7）

6. 拗步藏花

①右足前进一步，左足跟进，成四六步；同时双拳张开，右手手心朝左，手指朝上，左手手指向上，手心向外，自右腋下贴右臂外侧向身前弧线抓下，停于右臂内侧。目视前方。（图 5–8）

②动作不停，右手随即抓下，停于胸前，左手顺势前抓。目视前方。（图 5–9）

要点：左手抓下时要连捋带采，连摔带抓，一气呵成。

图 5–7

图 5–8

图 5–9

7. 顺步藏花

右足前进一步，左足跟进，仍成四六步；同时右手手指向上，手心向外，自左腋下贴左臂外侧向前弧线抓出，左手置于右肘内侧。目视前方。（图 5-10、图 5-11）

要点：整个动作一气呵成，右手自左腋下抓出时要连捋带采，连摔带抓。

8. 投手撩阴

①右足前进一步，左足跟进成四六步；同时右手手指向上，小指外沿向前，向面前弧线勾下，左手按于右肘下。目视前方。（图 5-12）

②随着右手勾下，左手手指向上，小指外沿向前，自右臂后向面前弧线勾下，右手按于左肘下。目视前方。（图 5-13）

③随之，右足前进一步，左足跟进，仍成四六步；同时右手手指向下，虎口向前，自腹部向下，再向前撩出，左手拍在右前臂上。目视前方。（图 5-14）

9. 扑面掌

右足前进一步，左足跟进成四六步；同时右手手心向下，手指向前，向面前伸出，名曰“扑面掌”，左手按于右上臂内侧。目视前方。（图 5-15）

要点：以上四个动作要连贯衔接，一气呵成。

10. 反展手

左足足尖翘起，足跟着地，向前搓进一步；同时左前臂一边外旋，翻成手心向上，一边向前下方贴压，要有沾黏缠压之劲；右手置于胸前（也可右手贴在左臂上助力）。目视前方。（图 5-16）

11. 撑抹手

左足前进半步，重心左移成左弓步；同时双臂内旋，翻成手心向前，手指向上时，一起向胸前自下而上推撞而起，左手在前，右手在后，要含有向前、向上的推劲、搓劲、撑劲、撞劲。目视前方。（图 5-17）

12. 迎面圈捶

①右足不动，左足向右足后插步；同时左手手心向下，在右肩前搂抓而下，右手置于左肘下。目视右侧。（图 5-18）

②向身后撤右足，成左弓步；同时右手握拳，拳心向下、向面前抡臂弧线圈打，利用向左拧腰抡臂的惯性，抡打出全身之力，啪的一声，左手拍在右前臂内侧。目视前方。（图 5-19）

图 5-10

图 5-11

图 5-12

图 5-13

图 5-14

图 5-15

图 5-16

图 5-17

图 5-18

图 5-19

13. 大展拍

①左足足尖外展 45°，向身前上步；同时左手手指向上，手心向前，自右臂下向身体前面抓下，右拳置于左肘上方。目视前方。（图 5-20）

②随之，重心左移，右腿提起，右足足尖勾起，足心斜向前，自右向身前沿弧线连扫带踹而出，高不过腰，低不过膝，力点在足心和小趾外沿；同时右拳张开，双手手心相对，在胸前向右捋带。捋带方向与足扫踹方向相反，但要同时动作，协调一致。目视前方。（图 5-21）

③右足在左足后落下，左足立即向右后撤一步，以便保持身体平稳；同时双手顺势向右侧捋带。目视前方。（图 5-22）

图 5-20

图 5-21

图 5-22

14. 脱勾手

①右足前进一步，左足跟进成四六步；同时双手握拳，右臂外旋，翻成拳心向上时向胸前拨挂压落，左拳停于胸前。目视前方。（图 5-23）

②双足不动；左拳拳心向下成锥拳，自右臂上向胸前打出，高与肩平，右拳收至腹前，拳心向上。目视前方。（图 5-24）

③右足前进一步，左足跟进，仍成四六步；同时右拳拳心向下成锥拳，自左臂上向胸前打出，高与肩平，左拳收至腹前，拳心向上。目视前方。（图 5-25）

15. 盘龙手

右足尖里扣，向左转体 90°，重心右移，左腿屈膝提起成独立步；同时双拳张开，左手手背向下，在左膝外侧向下沉压，右手自然按于身后。目视前方。（图 5-26）

16. 落步圈捶

①左足在身后落步成弓步；同时左手手心向下，在右肩前抓下；右手握拳，向身体右下方斜摆。目视前方。（图 5–27）

②右足向身后撤一大步，左转 90° 成左弓步；同时右拳拳心向下，向面前抡臂弧线圈击，利用向左拧腰抡臂的惯性，一圈到底，抡打出全身之力。以上动作要一气呵成。（图 5–28）

图 5–23

图 5–24

图 5–25

图 5–26

图 5–27

图 5–28

17. 大展拍

①左足足尖外展 45° 向身前上步；同时左手手指向上，手心向前，向右臂前面抓下，右拳张开收至胸前。目视前方。（图 5–29）

②随之，重心左移，右腿提起，右足足尖勾起，足心斜向前，自右向身前沿弧线连扫带踹而出，高不过腰，低不过膝；同时双手手心相对，在胸前向右捋带，捋带方向与足的扫踹方向相反，但要协调一致。目视前方。（图 5–30）

③右足在左足后落步，左足立即向右后撤一步，如醉汉踉跄似的，否则身体必然摔倒；同时双手顺势向右侧捋带，以上动作要一气呵成。目视前方。（图 5–31）

图 5–29

图 5–30

图 5–31

18. 勾搂捶

①右腿屈膝提起；同时双拳张开，右手手心向内，手指向上，贴胸前向上钻起，当钻到头部上方时，前臂内旋，当拧成小指外沿向前时，先小指再无名指、中指依次弯曲，向面前沿弧线勾抓而下，左手按于右肘下。目视前方。（图 5–32）

②随之，左手手心向下，五指弯曲，当右手向下勾抓时，自右臂后向面前弧线搂下，右手置于腹侧。目视前方。（图 5–33）

③向前落右足，左足跟进成四六步；右手握拳，拳心向下成锥拳，松肩垂肘，向胸前打出，打出暗刚之力，左手护于胸前。目视前方。（图 5–34）

19. 磨盘手

①右足前进一步，足尖外展 45° ；同时右拳张开，手指向上，手心向内，贴胸部向面前穿起，当穿到头部上方时，右臂内旋，当拧成手心向前时，在面前弧线勾抓而下，左手按于右肘下。目视前方。（图 5–35）

②左足前进一步，仍成四六步；同时双臂外旋，双手握拳，左前臂在右臂上向右手前滚压而下，拳心向上，停在胸前。目视前方。（图 5-36）

③重心前移，成左弓步；右拳拳心向下成锥拳，自左臂上向胸前打出，高与肩平，松肩垂肘，打出暗刚之力，左拳按于腹前。目视前方。（图 5-37）

图 5-32

图 5-33

图 5-34

图 5-35

图 5-36

图 5-37

20. 铁轮手

左足前进一步，右足跟进成四六步；同时两臂相贴，以相贴部位为轴，左前臂内旋，拧成拳心向后，右前臂外旋，拧成拳心向后时，用小指外沿向面前斜砍而出。双手的旋转拧动如机轮转动，故名“铁轮手”。目视前方。（图 5-38）

21. 大展拍

①左足足尖外展 45°，向身前上步；同时双拳张开，左手手指向上，自右臂前面抓下，右手置于左肘内侧。目视前方。（图 5-39）

②右足提起，足尖勾起，足心斜向前，自右向身前弧线扫踹；同时双手手心相对，在胸前向右捋带（图 5-40）；随之右足在左足后落下，左足向后自然移动，以维持身体平衡。目视前方。

图 5-38

图 5-39

图 5-40

22. 勾搂捶

①右腿屈膝提起，成独立步；同时右手手心向内，手指向上，贴胸前钻起，随之小指外沿向前，五指弯曲，沿弧线向面前勾抓而下，左手按于右肘内侧。目视前方。（图 5-41）

②随之，左手手心向下，五指弯曲，当右手向下勾抓时，自右臂后向面前弧线搂下，右手停于腹前。目视前方。（图 5-42）

③向前落右足，左足跟进成四六步；右手握拳，拳心向下成锥拳，向胸前打出暗刚之力，左手按于右肘内侧。以上动作一气呵成。目视前方。（图 5-43）

23. 大封手

向左转体 90°，向后撤左足成马步；同时右拳张开，双手手指向上，小指外沿向外，向左前方弧线抡劈而下，劈下后双手半握拳。目视前方。（图 5-44）

要点：要一封到底，封出全身之力。

24. 捆封手

①向左转体 90°，撤左足；同时左手手指向上，小指外沿向前，向胸前弧线勾

抓而下；同时右手握拳，拳心朝上，在左臂上伸出。目视前方。（图 5–45）

②以左足为轴拧动，坐身成歇步；同时右前臂在左臂上向左手手背滚压而下，双手停于胸前。目视前方。（图 5–46）

③上右足，左足跟进成四六步；同时右拳张开，双手手心相对，小指外沿向前，右手前，左手后，一起向胸前弧线抡劈而下。目视前方。（图 5–47）

25. 连环踩踹

①双手半握拳，拳心相对，停于胸前，仿佛抓着对方手臂似的；右足前进一步，左足提起，足尖后勾，用足心向前连踩带踹，高不过膝。目视前方。（图 5–48）

②左足前落，右足提起，足尖后勾，用足心或足外沿向前下方连截带踹而出。目视前方。（图 5–49）

图 5–41

图 5–42

图 5–43

图 5–44

图 5–45

图 5–46

图 5–47

图 5–48

图 5–49

26. 投截手

①右足落下，向左转体 90° 成半马步；同时双拳张开，右手手指向下，在右腿外侧砍下，左手翻掌托于头部左上方。目视右手动作。（图 5–50）

②向下坐身成马步；同时右手握锥拳，拳心向内，自下向上钻起，啪的一声，左手手心拍在右臂内侧，右拳要高出头。目视右拳动作。（图 5–51）

27. 收势

收左足，成立正姿势，气沉丹田，精神集中。目视前方。（图 5–52）

图 5–50

图 5–51

图 5–52

仙手锛

五、仙手锛

（动作演示：任寿然）

“仙手锛”又名“先手锛”“闪手锛”，显见它的快速、凌厉、勇猛，如用铁耙砸开城门一样，硬抓硬砸，故又名“铁耙开城门”。整个套路手法连贯，一手接一手，一式接一式，连绵不断。练习时要自然呼吸，气沉丹田。

（一）动作名称

1. 起势
2. 双展手
3. 仙手锛
4. 沾黏手
5. 撑抹手
6. 提膝采截
7. 反背手
8. 败步圈捶
9. 左展拍
10. 右展拍
11. 勾搂捶
12. 搅江手
13. 回身螳螂劈截
14. 右弹腿
15. 脱勾手
16. 螳螂劈截
17. 左弹腿
18. 脱勾手
19. 回身螳螂劈截
20. 左弹腿
21. 脱勾手
22. 螳螂劈截
23. 右弹腿
24. 脱勾手
25. 十字捶
26. 转身圈捶
27. 大展拍
28. 勾搂捶
29. 大封手
30. 捆封手
31. 连环踩踹
32. 投截手
33. 收势

（二）动作图解

1. 起势

头正颈直，嘴微闭，舌抵上腭，成立正姿势，双臂自然下垂于身体两侧，提肛溜臀，自然呼吸，气沉丹田。目视前方。（图 6–1）

2. 双展手

左足向身后撤步，成四六步；同时双手手心相对，虎口向上，向胸前交叉而出，随之右手手心向上，向胸前左右反背沉压，左手按于右肘内侧。目视前方。（图 6–2）

要点：反背沉压时要有沾黏劲，虎口撑开，力在手背。

3. 仙手锛

①双足不动；右臂内旋，当翻成手心向前时，五指弯曲，向面前弧线抓下。目视前方。（图 6–3）

②随之，左臂内旋，翻成手心向前时，五指弯曲，在右手前向面前弧线抓下，右手按于腹前。目视前方。（图 6–4）

③右足前进一步，左足跟进成四六步；同时右手手心向前，五指弯曲，在左手前向面前弧线抓下，左手按于右肘内侧。目视前方。（图 6–5）

4. 沾黏手

左足足尖翘起，足跟着地，向前搓进一步；右腿弯曲，支撑全身；同时左前臂一边外旋翻成手心向上，一边向前下方贴压，要有沾黏缠压劲，又名“反展手”，右手按于左肘内侧。目视前方。（图 6–6）

5. 撑抹手

左足前进半步，重心左移成左弓步；同时双前臂内旋，翻成手心向前，手指向上时，自下而上向胸前撑撞而起，左手在前，右手在后，要含向前、向上的推劲、撑劲、撞劲。目视前方。（图 6–7）

6. 提膝采截

①左足前进一步，右足跟进成四六步；同时左手手心向内，五指弯曲，向前弧线抓下，右手贴于左手手心内侧，名“采手”。目视前方。（图 6–8）

②双足不动；右臂外旋，拧成手心向内，拇指向上时，用小指外沿在左手前切下，名曰“截手”。目视前方。（图 6–9）

③右腿提膝成左独立步；同时左手手心向内，手指向上，在右臂之内向上穿起，右手置于右膝外侧。以上动作一气呵成。目视前方。（图 6–10）

7. 反背手

落右足成四六步；同时右手拇指向上，用手背向胸前摔打而出，左手落下，停于右肘之下。目视前方。（图 6–11）

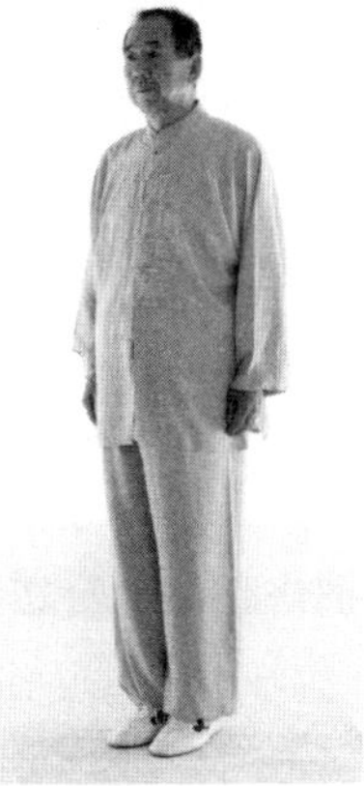

图 6–1

图 6–2

图 6–3

图 6–4

图 6–5

图 6–6

图 6–7

图 6–8

图 6–9

图 6–10

图 6–11

8. 败步圈捶

①双足不动，身体微向左转；右手手心向下，在左肩前抓下，名曰“搂手”。目视右手动作。（图 6–12）

②左足向右足后插步；左手手心向下，在右肩前抓下，右手握拳，置于左肘下。目视前方。（图 6–13）

③右足向身后撤大步，重心前移成左弓步；同时右手握拳，自下向面前弧线圈击，啪的一声，右前臂击在左手心内。目视前方。（图 6–14）

要点：以上动作一气呵成，圈击时要快速圆活，随右手的圈击惯性打出全身之力。

图 6–12

图 6–13

图 6–14

9. 左展拍

①向右转体 45°，右足足尖外展，向身前上步；同时右拳张开，自左臂下向面前抓下。目视前方。（图 6–15）

②双手手心相对，如握着对方手臂向左捋拽；同时左腿提起，足尖勾起，足心斜向前方，自左向身前弧线扫踹，力在足底外侧（图 6–16）；随之左足随惯性在右足后面落下，右足自然向后移动，保持身体平衡。目视前方。

10. 右展拍

①左足足尖外展，向身前上步；同时左手手心向前，手指向上，自右臂下向面前抓下，右手握拳收于左肩前，拳心向下。目视前方。（图 6–17）

②右腿提起，足尖勾起，足心斜向前方，自右向身前弧线扫踹，力在足底外侧；同时右拳张开，双手手心相对，如握着对方手臂向右捋拽似的（图 6–18）；随之右足在左足后落下，左足自然向后移动，保持身体平衡。目视前方。

要点：以上左展拍、右展拍要一气呵成，如醉汉东倒西歪似的。

11. 勾搂捶

①向右转体 45°，右膝提起；同时右手手指向上、向面前钻起，随之内旋，当拧成小指外沿向前时，屈腕，先小指再无名指、中指依次弯曲，向面前沿弧线勾下，左手按于右肘下。目视前方。（图 6–19）

②左手手心向下，五指弯曲，自右前臂后面向面前弧线抓下，右手按于腹前。目视前方。（图 6–20）

③向前落右足，左足跟进成四六步；同时右手握成锥拳，拳心向下，向胸前松肩沉肘打出，打出暗刚之力，左手半握拳按于腹前。目视前方。（图 6–21）

图 6–15

图 6–16

图 6–17

图 6–18

图 6–19

图 6–20

图 6–21

12. 搅江手

①四六步不变；双拳张开，左手拇指向上，掌尖向前，在面前向右前方拍出，右手按于左肘下。目视前方。（图 6–22）

②右足前进一步，左足跟进，仍成四六步；同时右手拇指向下，掌尖向前，自左臂上在面前向右前方拍出，左手按于右肘下。目视前方。（图 6–23）

13. 回身螳螂劈截

①右足尖里扣，向左转体 180°，上左足成四六步；同时抡左臂，以左手小指外沿向身前弧线劈下，右手自然垂于体侧。目视前方。（图 6–24）

②左足尖外展，向下坐身，两膝相叠成歇步；同时抡右臂，以右手小指外沿向身前弧线劈下，左手立于右肩前。目视前方。（图 6–25）

要点：抡劈时要快速，一劈到底，力在小指外沿，劈出浑身之力。

14. 右弹腿

右腿提起，足面绷平，向前弹出，高与裆平。目视前方。（图 6–26）

15. 脱勾手

①右足在身前落步，左足跟进成四六步；同时双手握拳，右臂外旋，当翻成拳心向上时，向胸前拨挂压下，左拳收于腹前。目视前方。（图 6–27）

②四六步不变；左手握成锥拳，拳心向下，在右臂上向胸前打出，右拳自然收回，置于腹前。目视前方。（图 6–28）

③右足前进一步，左足跟进，仍成四六步；同时右臂外旋，拳心向上成锥拳，在左臂上向胸前打出，左拳自然收回。目视前方。（图 6–29）

16. 螳螂劈截

右足足尖外展 45°；同时双拳张开，右手以小指外沿向身前弧线劈出；随之向下坐身，两膝相叠成歇步；同时抡左臂，以左手小指外沿向身前弧线劈下，右手收立于左肩前。目视前方。（图 6–30）

要点：以上动作一气呵成，要快速，抡劈到底，劈出浑身之力。

17. 左弹腿

左腿提起，足面绷平，向前弹出，高与裆平。目视前方。（图 6–31）

图 6-22

图 6-23

图 6-24

图 6-25

图 6-26

图 6-27

图 6-28

图 6-29

图 6-30

图 6-31

18. 脱勾手

①左足在身前落步，右足跟进成四六步；同时双手握拳，左臂外旋，当翻成拳心向上时，向胸前拨挂压下，右拳收于腹前。目视前方。（图 6–32）

②四六步不变；右手握成锥拳，拳心向下，在左臂上向胸前打出，松肩垂肘，打出暗刚之力，左拳自然收回。目视前方。（图 6–33）

③左足前进一步，右足跟进，仍成四六步；同时左臂内旋，拳心向下成锥拳，在右臂上向胸前打出，右拳自然收回。目视前方。（图 6–34）

图 6–32

图 6–33

图 6–34

19. 回身螳螂劈截

①左足尖里扣，向右转体 180°，出右足成四六步；同时右手成掌，以小指外沿向身前弧线劈出，左臂自然后摆。目视前方。（图 6–35）

②右足尖外展，向下坐身，两膝相叠成歇步；同时左手成掌，以小指外沿向身前抡臂弧线劈下，右手立于左肩前。目视前方。（图 6–36）

20. 左弹腿

双手不动，左腿屈膝提起，高与裆平，足面绷平，向前弹出，弹出后马上抽回。目视前方。（图 6–37）

21. 脱勾手

①左足在身前落步，右足跟进成四六步；同时双手握拳，左臂外旋，当翻成拳心向上时，向胸前拨挂压下，右拳收于腹前。目视前方。（图 6–38）

②四六步不变；右手握成锥拳，拳心向下，在左臂上向胸前打出，左拳自然收回。目视前方。（图 6–39）

③向右转体 180°，左足上步，右足跟进，仍成四六步；同时左臂内旋，翻成拳心向下时成锥拳，在右臂上向胸前打出，右拳自然收回。目视前方。（图 6–40）

图 6–35

图 6–36

图 6–37

图 6–38

图 6–39

图 6–40

22. 螳螂劈截

向左转体 180°，向下坐身，两膝相叠成歇步；同时双拳张开，抡右臂，右手小指外沿向身前弧线劈下，左手立于右肩前。目视前方。（图 6–41、图 6–42）

要点：整个动作一气呵成，转身要快，抡劈要猛，一劈到底，力在小指外沿，劈出浑身之力。

23. 右弹腿

双手不动，右腿提起，足面绷平，向前弹出，高与裆平，弹出后马上抽回。目视前方。（图 6–43）

图 6-41

图 6-42

图 6-43

24. 脱勾手

①右足在身前落步，左足跟进成四六步；同时双手握拳，右臂外旋，当翻成拳心向上时，向胸前拨挂压下，左拳自然收至胸前。目视前方。（图 6-44）

②四六步不变；左手握成锥拳，拳心向下，在右臂上向胸前打出，松肩垂肘，打出暗刚之力，右拳自然收回。目视前方。（图 6-45）

③右足前进一步，左足跟进成四六步；同时右臂内旋，拳心向下成锥拳，在左臂上向胸前打出，左拳自然收回。目视前方。（图 6-46）

图 6-44

图 6-45

图 6-46

25. 十字捶

①上右足，左足跟进，仍为四六步；同时右臂外旋，翻成拳心向内时，在面前

沉肘屈臂向上、向右挂起。目视前方。（图 6–47）

②继续上右足，左足跟进成四六步；同时左拳拳心向下，自右肘下向胸前成锥拳打出。目视前方。（图 6–48）

图 6–47

图 6–48

26. 转身圈捶

①扣右足，左转 90°；同时双臂抱于胸前，右拳张开。目视左前方。（图 6–49）

②摆左足，向左转身 90°；同时左拳张开，左手手心向下，五指弯曲在面前抓下，右手握拳，自然按于胸前。目视前方。（图 6–50）

③撤右足，向后蹬劲，左转 180° 成左弓步；同时右手拳心向下，自右胯外侧向面前抡臂弧线圈击，啪的一声，右前臂拍在左手心内。目视前方。（图 6–51）

要点：以上动作要一气呵成，要利用圈击的抡臂惯性，圈出全身之力。

图 6–49

图 6–50

图 6–51

27. 大展拍

①左足足尖外展 45°，向身前上一步；同时左手手心向前，自右臂下向面前弧线抓下，右拳收于左臂上方。目视前方。（图 6–52）

②右拳张开，双手手心相对，如同握住对方手臂向右捋拽；同时右腿提起，足尖勾起，足心斜向前方，自右向身前弧线扫踹，力在足底外侧。目视前方。（图 6–53）

③右足在左足后落下，左足自然向后移动，保持身体平衡。（图 6–54）

图 6–52

图 6–53

图 6–54

28. 勾搂捶

①向右转体 45°，右膝提起；同时右手手心向内，手指向上，向面前钻起，随之内旋，当拧成小指外沿向前时，屈腕，先小指再无名指、中指依次弯曲，向面前呈弧线勾抓而下，左手收于右腿上方。目视前方。（图 6–55）

②在右手抓下时，左手手心向下，五指弯曲，自右前臂后面向面前弧线搂下。目视前方。（图 6–56）

③随左手抓下，落右足，左足跟进成四六步；同时右手握成锥拳，拳心向下，向胸前打出，打出暗刚之力，左手握拳置于腹前。目视前方。（图 6–57）

29. 大封手

向左转体 180°，上左足成马步；同时双拳拳心相对，小指外沿向前，左拳在前，右拳在后，一起向身前弧线抡劈而下。目视前方。（图 6–58）

要点：要一封到底，封出全身之力。

30. 捆封手

①上左足，跟右步成四六步；同时左拳张开，左手手心向内，手指向上，贴胸部向上穿起，当穿至头部上方时，前臂内旋，当拧成小指外沿向前时，在面前弧线抓下。目视前方。（图 6–59）

②坐身成歇步；同时双手握拳，双臂屈肘，右前臂自左前臂上向左拳前滚压而下，双臂腹前交叉。目视前方。（图 6–60）

③上右足，左转 90°，左足跟进成马步；同时双拳张开，双手手心相对，小指外沿向前，右手在前，左手在后，自左臂外侧一起向身体右侧弧线抡劈而下。目视右侧。（图 6–61）

图 6–55

图 6–56

图 6–57

图 6–58

图 6–59

图 6–60

图 6–61

31. 连环踩踹

①右转 90° ，双手半握拳，拳心相对，仿佛抓着对方手臂向左顺势捋带；右足前进一步，左足提起，足尖后勾，足心向前踩踹。目视前方。（图 6–62）

②左足前落，右足提起，足尖后勾，足心向前下方连截带踹而出，高不过膝。目视前方。（图 6–63）

图 6–62

图 6–63

32. 投截手

①右足落下，向左转体 90° 成马步；同时右手向下、向右腿外侧砍下，左手五指张开，手心向外，架于头部左前方。目视右手动作。（图 6–64）

②向下坐身成马步；同时右手握成锥拳，拳心向内，自下向上钻起，啪的一声，左手手心拍在右肘内侧，右手钻出之拳要高过头部，又名“掳穿”。穿出时要疾速而有力。目视前方。（图 6–65、图 2–65 正面图）

图 6–64

图 6–65

图 6–65 正面图

33. 收势

向左转体 45°，收右足，两手收置于体侧，成立正姿势。目视前方。（图 6–66）

要点：气沉丹田，精神集中。向左转体是为了与起势的方位一致。

图 6–66

照面灯

六、照面灯

（动作演示：任寿然）

“照面灯”是六合螳螂拳核心套路，其手法用起来非常快速巧妙。“照面灯”是套路中最重要的一手，用锥拳打击对方脸部，打中后满脸开花，故而该套路名曰“照面灯”。它充分体现出六合螳螂拳的“一活、二顺、三刚、四柔、五化”的特点。练习时要自然呼吸，气沉丹田，劲力以暗刚暗柔为主。

（一）动作名称

1. 起势
2. 搓挪手
3. 大封手
4. 右弹腿
5. 大封手
6. 磨盘手
7. 铁轮手
8. 撩阴捶
9. 连环捶
10. 螳螂劈截
11. 右弹腿
12. 反背手
13. 败步圈捶
14. 捆手
15. 双帮肘
16. 败步圈捶
17. 败步封手
18. 捆封手
19. 拍刀手
20. 磨盘手
21. 撑抹手
22. 斧刃脚
23. 磨盘手
24. 撑抹手
25. 斧刃脚
26. 螳螂劈截
27. 右弹腿
28. 反背手
29. 照面灯
30. 左展拍
31. 右展拍
32. 勾搂捶
33. 大封手
34. 捆封手
35. 连环踩踹
36. 投截手
37. 收势

（二）动作图解

1. 起势

头正颈直，嘴微闭，舌抵上腭，成立正姿势；双臂自然下垂于身体两侧，提肛溜臀，自然呼吸，气沉丹田，精神集中。目视前方。（图 7–1）

2. 搓挪手

右足前进一步，左足跟进成四六步；同时右手屈拇指，其他四指并拢向前刺出，高与眉平，左手向右拍右前臂内侧后停于胸前。刺出时四指要并拢，力在指端。目视前方。（图 7–2）

3. 大封手

右足前进一步，左足跟进成四六步；同时双手回收于膝前，随之，双手手心相对，小指外沿向前，右手前，左手后，一起向面前弧线抡劈而下。抡劈要快速，劈出全身之力，一封到底。目视前方。（图 7–3）

4. 右弹腿

重心落于左腿，右腿屈膝提起，向前弹出，高不过裆；双手握拳收抱于腹前。目视前方。（图 7–4）

图 7–1

图 7–2

图 7–3

图 7–4

5. 大封手

右足前进一步，左足跟进成四六步；双拳拳心相对，小指外沿向前，右手前，左手后，一起向面前弧线抡劈而下。目视前方。（图 7–5）

6. 磨盘手

①右足前进一步，足尖外展 45°，左足跟进；同时双拳张开，右手手指向上，手心向内，经胸部向面前穿起；随之，右臂内旋，当拧成小指外沿向前时，在面前弧线抓下，左手置于腹前。目视前方。（图 7–6）

②上左足；双手握拳，双臂弯曲，左臂在右臂上向右拳前滚压而下，左拳拳心向上，停于胸前，右拳拳心向下。目视前方。（图 7–7）

③重心前移成左弓步；右拳拳心向下，自左臂上向胸前打出，高与肩平，打出暗刚之力，左拳收于腹前。目视前方。（图 7–8）

图 7–5　　图 7–6　　图 7–7　　图 7–8

7. 铁轮手

左足前进一步，右足跟进成四六步；同时左前臂内旋，拧成拳心向右，右前臂外旋，拧成拳心向内，两臂相贴，用小指外沿向面前砍出。目视前方。（图 7–9）

要点：双手动作要圆活，如机轮转动，故名“铁轮手”。

8. 撩阴捶

左足尖里扣，向右转体 180°，回身成四六步；同时左拳拳心向下抱于左肋，右手握拳，向下撩出。目视前方。（图 7–10）

9. 连环捶

①上右足，左足跟进成四六步；同时右拳张开，右手手心向下，五指弯曲，在胸前抓下。目视前方。（图 7–11）

②随之，左手握成锥拳，自右臂上向前打出，打出暗刚之力，高与肩平，右手握拳收于腹前。目视前方。（图 7–12）

③右足前进一步，左足跟进，仍成四六步；同时左拳张开，左手手心向下，五指弯曲，在胸前抓下。目视前方。（图 7–13）

④随着左手抓下，右手握成锥拳，拳心向下，自左臂上向前打出，打出暗刚之力，高与肩平，左手握拳收于腹前。目视前方。（图 7–14）

图 7–9

图 7–10

图 7–11

图 7–12

图 7–13

图 7–14

10. 螳螂劈截

右足尖里扣，向左转体 180° ，成四六步；同时双拳张开，左手手心向外，小指外沿向前弧线抡劈；随之，左足尖外摆 90° ，向下坐身，双膝相叠成歇步；同时右手手指向上，小指外沿向前，向身前画大弧线抡臂劈下，左手立于右肩前。目视前方。（图 7–15）

11. 右弹腿

重心落于左腿，左腿弯曲，右足提起，足面绷平，向前弹出，高不过裆；双手不动。目视前方。（图 7–16）

12. 反背手

右足向前落步，成四六步；同时右手拇指向上，手背向前，自左臂下向面前反背摔出，高与鼻平，左手置于右臂之下。目视前方。（图 7–17）

图 7–15

图 7–16

图 7–17

13. 败步圈捶

①左足向右足后插步；同时右手手心向下，在左肩前搂下，目视前方。（图 7–18）

②右足向身后撤一大步，向左转体 45° 成左弓步；同时右拳拳心向下，向面前弧线抡臂圈击，啪的一声，右前臂抡在左手手心内，要随右臂的抡臂惯性圈出浑身之力。目视前方。（图 7–19）

14. 捆手

右足前进一步，足尖外展 45° ，上左足成四六步，右转身 45° ；右手在面前抓下；随之上左足；左手握拳，横左臂，自右臂上向右拳前滚压而下，双臂胸前交叉。目视前方。（图 7–20）

图 7-18

图 7-19

图 7-20

15. 双帮肘

左足前进一步，右足跟进成跪步；同时左臂内旋，翻至拳心向下时，右拳拳心靠于左前臂内侧，助左臂之力向前推出。目视前方。（图 7-21）

16. 败步圈捶

①右足向左足后插步；同时双拳张开，左手手心向下，在右肩前搂抓而下，右手置于左肘下。目视右前方。（图 7-22）

②左足向身后撤一大步，向右转体 45° 成右弓步；同时左手握拳，拳心向下，向面前弧线抡臂圈击，啪的一声，右前臂抡在右手手心内，要圈出浑身之力。目视前方。（图 7-23）

图 7-21

图 7-22

图 7-23

17. 败步封手

左足后撤一步，右足跟撤成四六步，向左转体45°；同时左拳张开，双手收于腹前；随之双手手心相对，右手在前，左手在后，小指外沿向前，一起向面前抡劈而下（图7-24），当劈落至腹前时，双手握拳。目视前方。

18. 捆封手

①上右足，足尖外摆；右手向面前抓下；随之，坐身成歇步；双手握拳，左前臂自右臂上向右拳前滚压而下，双臂胸前交叉，名曰“捆手”。目视前方。（图7-25）

②上左足，右足跟进成四六步；同时双拳张开，手心相对，小指外沿向前，同时向面前弧线抡劈而下，劈落在腹前时双手握拳，要一封到底，封出浑身之力。目视前方。（图7-26）

图7-24

图7-25

图7-26

19. 拍刀手

左足尖向里扣，向右转体45°；同时右拳插至左臂下，双臂交叉（图7-27、图7-27正面图）；随之，继续向右转体135°，双臂内旋，右拳拳心向下，向身体右侧平砍而出，左拳变掌，置于腹前。目视右手方向。（图7-28）

要点：动作要圆活，上下协调，拍出暗刚之力，要一气呵成。

20. 磨盘手

①右足前进一步；右手向面前抓下；随之，左足前进一步；左手握拳，横前臂，在右臂上向右拳前滚压而下，双臂胸前交叉。目视前方。（图7-29）

②随之，上左足，重心前移成左弓步；右拳拳心向下成锥拳，自左臂上向胸前打出暗刚之力，高与肩平，左拳按于腹前。目视前方。（图7-30）

21. 撑抹手

左足前进一步，右足跟进成弓步；同时双拳张开，左手手指向上，手心向前，自右臂下向前上方撑撞而出，高与肩平，右手按于腹前。目视前方。（图 7–31）

22. 斧刃脚

右足跟步，起身，左足前移一小步；右足足心向前，搓地面向前横足踹出，高不过膝；同时双手握拳（像抓住对方手臂一样），合力向右后侧捋带。目视前方。（图 7–32）

图 7–27

图 7–27 正面图

图 7–28

图 7–29

图 7–30

图 7–31

图 7–32

23. 磨盘手

①右足回落；左手向面前抓下；随之，上右足，右手握拳，在左臂上向左拳前滚压而下。目视前方。（图 7–33）

②上右步，重心前移成右弓步；左拳拳心向下成锥拳，自右臂上向胸前打出暗刚之力，高与肩平，右拳按于腹前。目视前方。（图 7–34）

24. 撑抹手

右足前进一步，左足跟步成右弓步；同时双拳张开，右手手指向上，手心向前，自左臂下向胸部前上方撑撞而出，高与肩平，左手按于腹前。目视前方。（图 7–35）

25. 斧刃脚

左足跟步，起身，右足前移一小步；左足足心向上，搓地面向前横足踹出，高不过膝；同时双手手心相对，向腹部捋带。目视前方。（图 7–36）

26. 螳螂劈截

落左足，向左转体 180° 成左歇步；同时右手向面前弧线抡劈而下，左手立于右肩前。目视前方。（图 7–37）

27. 右弹腿

重心落于左腿，左腿弯曲，右足提起，向前弹出，高不过膝。目视前方。（图 7–38）

28. 反背手

落右足成四六步；同时右手拇指向上，手背向前，自左臂下向面前反臂摔打；左手置于右臂之下。目视前方。（图 7–39）

29. 照面灯

①左足向右足后插步，向左转体 45° ；同时左手手心向下，自右臂下先向面前再向右肘外侧弧线搂抓，右手握拳收至左肘外侧。目视前方。（图 7–40）

②向身后撤右足；同时右拳拳心向下，成锥拳向面前直臂冲击，啪的一声，左手拍在右前臂上。目视前方。（图 7–41）

要点：以上动作一气呵成，右拳冲出时要快，要突然，要有力。

30. 左展拍

①右足尖外展，向身前上步；同时左拳张开，右手手心向前，手指向上，自左臂下先向面前再向左肘外侧弧线搂抓，左手按于右肘下。目视前方。（图 7–42）

图 7-33

图 7-34

图 7-35

图 7-36

图 7-37

图 7-38

图 7-39

图 7-40

图 7-41

图 7-42

②双手手心相对，仿佛抓着对方手臂向左捋拽；同时左腿提起，左足足尖勾起，足心斜向前方，自左向身前弧线扫踹，力在足底；然后，左足随扫踹惯性在右足后落下，右足自然向后移动，保持身体平衡。目视前方。（图 7–43）

31. 右展拍

①向左转 45°，左足尖外展，向身前上步；同时左手手心向前，手指向上，自右臂下向面前抓下，右手按于左肘上。目视前方。（图 7–44）

②随之，双手手心相对，仿佛抓着对方手臂向右捋拽；同时右腿提起，右足足尖勾起，足心斜向前方，自右向身前弧线扫踹，力在足底；右足随扫踹惯性在左足后落下，左足自然向左后移动，保持身体平衡。目视前方。（图 7–45）

32. 勾搂捶

①向右转体 45°，右膝提起；同时右手手心向内，手指向上，向面前钻起，随之内旋，当拧成小指外沿向前时，屈腕，先小指再无名指、中指依次弯曲，向面前呈弧线勾抓而下，左手收于右腿上方。目视前方。（图 7–46）

②在右手抓下时，左手手心向下，五指弯曲，自右前臂后面向面前弧线搂下。目视前方。（图 7–47）

③随左手抓下，落右足，左足跟进成四六步；同时右手握成锥拳，拳心向下，向胸前打出，打出暗刚之力。目视前方。（图 7–48）

33. 大封手

向左转体 180°，上左足成马步；同时双拳拳心相对，小指外沿向前，左拳在前，右拳在后，一起向身前弧线抡劈而下，要一封到底，封出全身之力。目视前方。（图 7–49）

34. 捆封手

①先上右足，再上左足成四六步，左足足尖外展；右拳拳心向内，贴胸前上穿，当穿至头部上方时前臂内旋，反臂摔打，左拳置于右前臂下。目视前方。（图 7–50）

②以左足为轴拧足跟，坐身成歇步；同时双手握拳，双臂屈肘，右前臂自左前臂上向左拳前滚压而下，双臂胸前交叉。目视前方。（图 7–51）

③上右足，左足跟进成四六步；同时双拳张开，双手手心相对，小指外沿向前，右手在前，左手在后，一起向身前弧线抡劈砍下。目视前方。（图 7–52）

35. 连环踩踹

①双手半握拳，拳心相对，仿佛抓着对方手臂向左捋带；右足前进一步，左足提起，足尖后勾，用足心向前连踩带踹，高不过膝。目视前方。（图 7–53）

图 7-43

图 7-44

图 7-45

图 7-46

图 7-47

图 7-48

图 7-49

图 7-50

图 7-51

图 7-52

②左足前落，右足提起，足尖后勾，足心向前下方连截带踹而出，高不过膝。目视前方。（图 7–54）

36. 投截手

①右足落下，向左转体 90° 成马步；同时右手向下、向右腿外侧砍下，左手五指张开，手心向外，架于头部左前方。目视右手动作。（图 7–55）

②向下坐身成马步；同时右手握成锥拳，拳心向内，自下向上钻起，啪的一声，左手手心拍在右肘内侧，右手钻出之拳要高过头部，又名“掳穿”。穿出时要疾速而有力。目视前方。（图 7–56、图 7–56 正面图）

37. 收势

左转 45° ，收右足，两手收置于体侧，成立正姿势。目视前方。（图 7–57）

要点：气沉丹田，精神集中。左转体是为了与起势的方位一致。

图 7–53

图 7–54

图 7–55

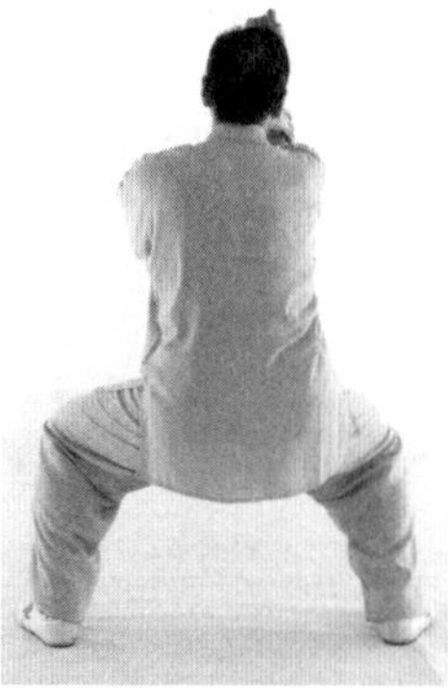

图 7–56

图 7–56 正面图

图 7–57

七、双封

（动作演示：胡耀武）

双封

“双封”是六合螳螂拳中最主要的套路，整个套路中几乎都是螳螂手法。其中“螳螂封手”最具特色，有左右封、进退封、单双封、斜缠封等。封手如抽鞭，连捋带摔，劲力奇出，一封到底，奥妙无穷。此套路要回到起势处收势，练习时要呼吸自然，气沉丹田，劲力有明刚明柔、暗刚暗柔，但以暗刚暗柔为主。

（一）动作名称

1. 起势
2. 扫螳手
3. 螳螂挪挂
4. 扫螳手
5. 螳螂挪挂
6. 螳螂闭贴
7. 螳螂连环手
8. 螳螂点睛
9. 螳螂双封手
10. 撩阴手
11. 连环四手
12. 连环四手
13. 里磨盘
14. 里磨盘
15. 单弓肘
16. 螳螂砍劈
17. 螳螂封手
18. 螳螂砍劈
19. 螳螂封手
20. 采封手
21. 摇车手
22. 反背手
23. 左撑手
24. 勾手
25. 金剪手
26. 金剪手
27. 搓花手
28. 螳螂双封手
29. 投手撩阴
30. 进步三封手
31. 回身扫螳手
32. 划挑手
33. 采勾手
34. 割手
35. 退步圈捶
36. 大展拍
37. 螳螂劈截
38. 右弹腿
39. 螳螂勾刊
40. 三封手
41. 回身大封手
42. 左弹腿
43. 大封手
44. 捆封手
45. 连环踩踹
46. 底漏圈

（二）动作图解

1. 起势

①身体直立，双足开立，宽与肩齐。两臂自然下垂，自然呼吸，气沉丹田。目视前方。（图 8–1）

②双手手背向上，在身体两侧徐徐提起，高与肩平。自然呼吸，气沉丹田。目视前方。（图 8–2）

③坐身屈膝成马步；同时双手手心向下，按落在两腿外侧。自然呼吸，气沉丹田。目视前方。（图 8–3）

图 8–1

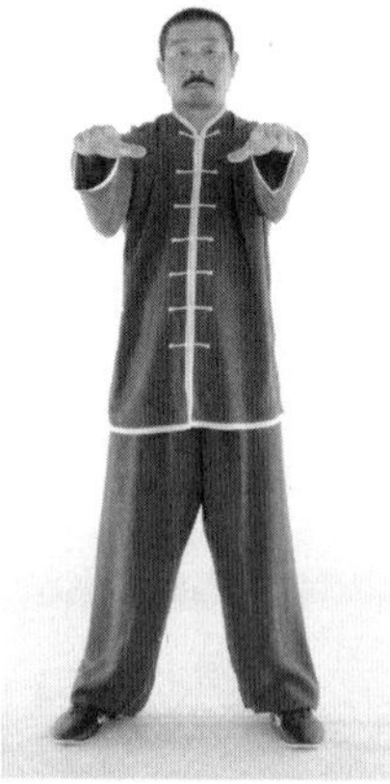

图 8–2

图 8–3

2. 扫螳手

①右足经左足前向身左横插一步，两腿弯曲成交叉步；同时右手手心向上，小指外沿用力，向身左横扫，横扫时尽力松肩，手指向前，高与肩平，左手按于右肘外侧。目视右手动作。（图 8–4）

②随之，左足向身左横跨一步成马步；同时左手手心向下，自右臂下向身左平砍，小指外沿用力，砍出弹抖力，右手手心向上托于腹前。目视左手动作。（图 8–5）

3. 螳螂掤挂

①右转回身，马步不变；右手手指向上，贴左臂向上穿起，左手变成勾手，落于体侧。目视右手动作。（图 8–6）

②右臂内旋，右手向左肩前上方拍落，左手腕部弯曲成定型螳螂手向上提起，啪的一声，左腕击在右手手心内。目视左手动作。（图 8–7）

图 8–4

图 8–5

图 8–6

图 8–7

4. 扫螳手

①左足经右足前向身右横插一步，向右转体 90° ，两腿弯曲成歇步；同时左手手心向上，小指外沿用力向身右横扫，横扫时尽力松肩，手指向前，高与肩平，右手置于左肘外侧。目视左手动作。（图 8–8）

②右足向前上步成右弓步；同时右手手心向下，自左臂下向右平砍，平砍时小指外沿用力，砍出弹抖力，左手手心向上收于腹前。目视右手动作。（图 8–9）

5. 螳螂掤挂

①向左转体 90° 成马步；左手手指向上，贴右臂外侧向上穿起，右手成勾手，落于体侧。目视前方。（图 8–10）

图 8–8

图 8–9

图 8–10

②右手腕部弯曲成定型螳螂手，向上提起，啪的一声，右腕击在左手手心内，右手上提时要用抖劲。目视右手动作。（图 8–11）

6. 螳螂闭贴

①向右转体 90°，重心落于左腿成四六步；同时右手落在腿侧，再向胸前拧臂，翻至手心向上时，在胸前一边向里合一边向下贴压，缠绕出沾黏闭贴劲，左手按于右肘内侧。目视前方。（图 8–12）

②随之，左足上步，右足跟进成四六步；同时左手五指斜向前，手心斜向下，向胸前弧线劈落，右手按于腹前。目视前方。（图 8–13）

图 8–11

图 8–12

图 8–13

7. 螳螂连环手

①左足尖向里扣；同时左手手心向下，落于腹前；随之向右转体 180°，上右步成四六步；同时右手手心向内，手指向上，向面前钻起，左手按于右肘内侧。目视前方。（图 8–14）

②右前臂内旋拧动，当拧成小指外沿向前时，先小指再无名指、中指依次弯曲，向面前弧线勾抓而下；随之左手手指向上，小指外沿向前，自右臂后面向前弧线钻起。目视前方。（图 8–15）

8. 螳螂点睛

向前上左足，重心前移成四六步；同时右手手心向下，伸出中指、食指向前刺出，要轻巧、快捷，名曰“点睛”，左手按于右肘内侧。目视前方。（图 8–16）

9. 螳螂双封手

①右手不动；左手手心向上，在右臂下向前穿出，此时两臂胸前交叉。目视双手动作。（图 8–17）

②右臂外旋，左臂内旋，以肘部为轴，双手上下翻动，交换位置。目视双手动作。（图 8–18）

③撤右足，随撤左足成四六步或虚步；双手变活型螳螂手，向前、向外、向下、向回弧线勾拨成螳螂双勾式，名曰“双封手”。目视前方。（图 8–19）

10. 撩阴手

①左足足尖里扣，向左转体 90° ；双臂抱于胸前，目视前方。（图 8–20）

②以左足为轴，向右转体 90° ，重心左移，撤右足成四六步；同时右手手指向下，用手背向右腿斜上方撩出，左手按于右肘内侧。拧头回视。（图 8–21）

图 8–14

图 8–15

图 8–16

图 8–17

图 8–18

图 8–19

图 8–20

图 8–21

11. 连环四手

①右足前进一步，足尖外展成四六步；同时右手手心向内，手指向上，向面前钻起，随之右臂内旋拧动，当拧成小指外沿向前时，先小指再无名指、中指依次弯曲，向面前弧线勾抓而下，左手置于右肘内侧。目视前方。（图 8–22）

②上左足成四六步；当右手勾抓而下时，左手手指向上，小指外沿向前，自右臂后向面前弧线勾抓而下，右手置于左肘内侧。目视前方。（图 8–23）

③双足不动；当左手勾抓而下时，右手手指向上，小指外沿向前，自左臂后向面前弧线勾抓而下，左手置于右肘内侧。目视前方。（图 8–24）

④双足不动；当右手勾抓而下时，左手手指向上，小指外沿向前，自左臂后向面前弧线勾抓而下，右手置于左肘内侧。目视前方。（图 8–25）

图 8–22　　图 8–23　　图 8–24　　图 8–25

12. 连环四手

①向左转体 90°，上左足成四六步；同时左手手心向内，手指向上，向面前钻起，随之前臂内旋拧动，当拧成小指外沿向前时，先小指再无名指、中指依次弯曲，向面前弧线勾抓而下，右手置于左肘内侧。目视前方。（图 8–26）

②当左手勾抓而下时，上右足成四六步；同时右手手指向上，小指外沿向前，自左臂后向面前弧线勾抓而下，左手置于右肘内侧。目视前方。（图 8–27）

③双足不动；当右手勾抓而下时，左手手指向上，小指外沿向前，自右臂后向面前弧线勾抓而下，右手置于左肘内侧。目视前方。（图 8–28）

④双足不动；当左手勾抓而下时，右手手指向上，小指外沿向前，自左臂后向面前弧线勾抓而下，左手置于右肘内侧。目视前方。（图 8–29）

图 8-26

图 8-27

图 8-28

图 8-29

13. 里磨盘

①向右转体 90°，上右足成四六步；同时双手成活型螳螂手，右手收回腰部，随之手心向下，手指向前，向面前弧线拨扫而出，高与眉平，左手手心向下置于右肘内侧。目视前方。（图 8-30）

②上左足成四六步；同时左手手心向下，手指向前，自右手后向面前弧线拨扫而出，高与眉平，右手手心向下置于左肘内侧。目视前方。（图 8-31）

③双足不动；右手手心向下，手指向前，自左手后向面前弧线拨扫而出，高与眉平，左手手心向下置于右肘内侧。目视前方。（图 8-32）

④双足不动；左手手心向下，手指向前，自右手后向面前弧线拨扫而出，高与眉平，右手手心向下置于左肘内侧。目视前方。（图 8-33）

图 8-30

图 8-31

图 8-32

图 8-33

14. 里磨盘

①向左转体 90°，上左足成四六步；同时左手收回腰部，再手心向下，手指向前，向面前弧线拨扫而出，高与眉平，右手手心置于左肘内侧。目视前方。（图 8–34）

②随之，上右足成四六步；右手手心向下，手指向前，自左手后向面前弧线拨扫而出，高与眉平，左手手心向下置于右肘内侧。目视前方。（图 8–35）

③左手手心向下，手指向前，自右手后向面前弧线拨扫而出，高与眉平，右手手心向下置于左肘内侧。目视前方。（图 8–36）

④右手手心向下，手指向前，自左手后向面前弧线拨扫而出，高与眉平，左手手心向下置于右肘内侧。目视前方。（图 8–37）

图 8–34

图 8–35

图 8–36

图 8–37

15. 单弓肘

①向右转体 45°，上右足，足尖外展；同时双手握拳，收回腹前，随之右拳拳心向上成锥拳，向面前穿挑而起，高与鼻平，左拳置于右肘内侧。目视前方。（图 8–38）

②左足前进一步，重心右移成四六步；同时左拳拳心向上，自右臂下向面前穿挑而起，高与鼻平，右拳置于左肘内侧。目视前方。（图 8–39）

③左拳不停，继续穿挑，左臂屈肘向回勾，拳心向下停于胸前，右拳变掌按于左拳；随之左足尖向里扣，向右转体 90° 成半马步。目视前方。（图 8–40）

④左足向左移一步，右足跟移一步，成马步；同时右手手心握左拳向左推，顶出左肘。以上动作一气呵成。目视左侧。（图 8–41）

图 8–38

图 8–39

图 8–40

图 8–41

16. 螳螂砍劈

①向右转体 180° 成马步；同时左拳张开，左手手心向下，向右肘外砍下；右手手指向上，在右耳外向上穿起。目视右侧。（图 8–42）

②向左拧腰；同时右手手心向内，拇指向上，向左肘外砍下；左手手指向上，在左耳外向上穿起。目视左侧。（图 8–43）

17. 螳螂封手

①马步不变；右手手心向下，手指向前，随着向右拧腰的动作，自左臂下向面前弧线封扫而出，封扫时尽力松肩，手指向前，先扫其面；随之屈臂垂肘，再小指、无名指、中指依次弯曲，向右捋挂，双手成活型螳螂手，右手停于右肩外前方，左手停于右肘之下。目视右手动作。（图 8–44）

图 8–42

图 8–43

图 8–44

②马步不变；左手手心向下，手指向前，随着向左拧腰的动作，自右臂下向面前弧线封扫而出。封扫时要尽力松肩，手指向前，先扫其面；随之屈臂垂肘，再小指、无名指、中指依次弯曲，向左勾拨，双手成活型螳螂手，右手停于左肘之下。目视左手动作。（图 8–45）

③马步不变；右手手心向下，手指向前，随着向右拧腰的动作，自左臂下向面前弧线封扫而出，封扫时尽力松肩，手指向前，先扫其面；随之屈臂垂肘，再小指、无名指、中指依次弯曲，向右勾拨，双手成活型螳螂手，左手停于右肘之下。目视右手动作。以上螳螂砍劈、螳螂封手动作要连贯，一气呵成。（图 8–46）

18. 螳螂砍劈

①以左足为轴，向右转体 180°，撤右足，回身成马步；随之向右拧腰；左手手心向外，向右肘外砍下；右手手指向上，在右耳外向上穿起。目视右手动作。（图 8–47）

②向左拧腰；同时右手手心向外，向左肘外砍下，左手手指向上，在左耳外向上穿起。目视左手动作。（图 8–48）

图 8–45　　图 8–46　　图 8–47　　图 8–48

19. 螳螂封手

①马步不变；右手手心向下，手指向前，随着向右拧腰的动作，自左臂下向面前弧线封扫而出。封扫时尽力松肩，手指向前先扫其面，随之屈臂垂肘，再小指、无名指、中指依次弯曲，向右搂手，双手成活型螳螂手，左手停于右肘之下。目视右手动作。（图 8–49）

②马步不变；左手手心向下，手指向前，随着向左拧腰的动作，自右臂下向面前弧线封扫而出。封扫时尽力松肩，手指向前先扫其面，随之屈臂垂肘，再小指、无名指、中指依次弯曲，向左勾拨，双手成活型螳螂手，右手停于左肘之下。目视左手动作。（图 8–50）

③马步不变；右手手心向下，手指向前，随着向右拧腰的动作，自左臂下向面前弧线封扫而出。封扫时尽力松肩，手指向前先扫其面，随之屈臂垂肘，再小指、无名指、中指依次弯曲，向右勾拨，双手成活型螳螂手，左手停于右肘之下。以上动作要连贯，一气呵成，力如抽鞭，要封扫出全身之力。目视右手动作。（图 8–51）

20. 采封手

向左转体 90° ，左足上步，重心右移成四六步；同时左手手心向内，在面前穿起，当穿至头上时，左臂内旋，当拧成手心向下、手指向前时，先小指再无名指、中指依次弯曲，自上方勾抓而下，右手置于左肘内侧。目视前方。（图 8–52）

图 8–49　　图 8–50　　图 8–51　　图 8–52

21. 摇车手

①右手拇指向上，四指向前，在面前向左拍打，左手置于右肘外侧。目视前方。（图 8–53）

②四六步不变；左手手指向前，手心向下，自右臂下向前平扫；右手抽回，停于左肘内侧。目视前方。（图 8–54）

③右足前进一步，左足跟进仍成四六步；同时右手手心向左，拇指向上，向左拍打，左手置于右肘外侧。目视前方。（图 8–55）

22. 反背手

右足前进一步，左足跟进成四六步；同时左手手心向下，在右肘内侧按落，右手手心向上，手指向前，用手背向面前劈砸而下。目视前方。（图 8–56）

23. 左撑手

左足前进一步，右足跟进成四六步；同时左手手心向下，横前臂，用小指外沿向面前砍出，高与胸平，右手托于腹前。目视前方。（图 8–57）

24. 勾手

右足向身后撤一大步，左足跟撤，重心左移成四六步；同时向左拧身，右手自然垂于体侧；左手向左勾拨变钩，停在右肩前。目视前方。（图 8–58）

25. 金剪手

①上右足，重心左移成四六步；向右拧身的同时右手手心向内再向前，在面前采抓而下，左手自然停于腹前。目视前方。（图 8–59）

②上左足，足尖里扣，向右转体 90° 成马步；同时左臂外旋，当翻成手心向上时，在右臂上滚压而下，右手手心向上，在胸前向身左插出，双臂成合抱姿势，两手十指张开。目视左手动作。（图 8–60）

③向左横移一步，右足跟移仍成马步；同时双臂内旋，当翻成手心向下时，用小指外沿向身体两侧横砍而出，双臂要圆屈，不可砍直，砍出暗刚之力。以上动作一气呵成。目视前方。（图 8–61）

26. 金剪手

①上左足，重心右移成四六步；向左拧身的同时，左手手心向内再向前，在面前采抓而下，右手自然停于腹前。目视前方。（图 8–62）

②上右足，足尖里扣，向左转体 90° 成马步；同时右臂外旋，当翻成手心向上时，在左臂上滚压而下，左手手心向上，在胸前向身右插出，双臂成合抱姿势，两手十指张开。目视右手动作。（图 8–63）

③向右横移一步，左足跟移仍成马步；同时双臂内旋，当翻成手心向下时，用小指外沿向身体两侧横砍而出，双臂要圆屈，不可砍直，要砍出暗刚之力。以上动作要一气呵成。目视前方。（图 8–64）

图 8-53

图 8-54

图 8-55

图 8-56

图 8-57

图 8-58

图 8-59

图 8-60

图 8-61

图 8-62

图 8-63

图 8-64

27. 搓花手

①向右转体 90°，上右足，成四六步；同时右臂外旋，当翻成手心向上时，用手背向下贴压，左手按于右肘内侧。目视前方。（图 8–65）

②随之上左足，重心右移成四六步；左手虎口朝上，手指向前，贴右臂向面前戳出，右手贴于左肘内侧。目视前方。（图 8–66）

③四六步不变；右手翻成虎口朝上，手指向前时，贴左臂向面前戳出，左手贴于右肘内侧。目视前方。以上②③两个动作要连接紧密，出手快速。（图 8–67）

28. 螳螂双封手

①四六步不变；右手不动，左手手心向上，在右臂下穿出，此时肘部相贴，双臂交叉。目视手的动作。（图 8–68）

②随之，以肘部为轴，双手上下翻动，互换上下。目视手的动作。（图 8–69）

③撤右足，跟撤左足成四六步；同时双手手心向下，屈腕，用手指勾拨变成钩手，成“螳螂双钩式”。目视前方。（图 8–70）

29. 投手撩阴

①左足尖里扣，向右转体 90° 成马步；同时先右手后左手，小指外沿向面前弧线连环采抓而下。目视前方。（图 8–71）

②马步不变；右手向下收至裆前，随着向下坐身的同时右手虎口向前撩出，啪的一声，右前臂撩在左手手心内。目视前方。（图 8–72）

30. 进步三封手

①向右转体 90°，上右步成四六步；同时右手手心向下，五指朝前，在面前向右前方弧线平扫而出。封扫时要松肩，手指极力伸前，向右弧线勾拨，双手成活型螳螂手，左手停于右肘之下。要封出抽鞭之力。目视手的动作。（图 8–73）

②左足前进一步成四六步；同时左手手心向下，五指朝前，在面前向左前方弧线扫出，当向左弧线扫回时，要屈腕勾拨，双手成活型螳螂手，右手停于左肘之下。目视前方。（图 8–74）

③右足前进一步成四六步；同时右手手心向下，五指朝前，在面前向右前方弧线扫出，当向右弧线扫回时，要屈腕勾拨，双手成活型螳螂手，左手停于右肘之下。目视前方。（图 8–75）

31. 回身扫螳手

向左转体 90°，右足经左足前向身左横上一步，两腿弯曲成交叉步；右手手心向上，用小指外沿向身体左侧松肩平臂扫出，左手手心向上，用小指外沿自右臂下向身右屈臂平砍。二目向左平视。（图 8–76）

图 8-65

图 8-66

图 8-67

图 8-68

图 8-69

图 8-70

图 8-71

图 8-72

图 8-73

图 8-74

图 8-75

图 8-76

32. 划挑手

①左足向身左横进一步，向左转体 90°，右膝提起成独立步；同时双手变钩，右手向胸前屈腕上提，左手置于右肘内侧。目视前方。（图 8–77）

②右足向前落步，左膝提起，左手向胸前屈腕上提，右手置于左肘内侧。目视前方。（图 8–78）

③左足向前落步，右步跟进成四六步；同时左手手心向下，手指向前，在胸前下按，右手在其后随之。目视前方。（图 8–79）

图 8–77

图 8–78

图 8–79

33. 采勾手

①左足向身后撤一大步，左转身成马步；同时向左拧身，左手变钩手，在左额前向后勾挂，右手向下勾摆至右腿外侧。目视右侧。（图 8–80）

②右足向身后撤一大步，向右转体 180° 成马步；同时向右拧身，右手变钩手，在右额前向后勾挂，左手向下勾摆至左腿外侧。目视左前方。（图 8–81）

34. 割手

①向左转体 45°，横上左足，右足跟进成四六步；同时右手手心向上，用小指外沿在面前向左肩外弧线平砍，左手按于右肘内侧。目视右手动作。（图 8–82）

②随之，左手手心向下，用小指外沿自右臂上向右手前弧线平砍，右手托于左肘内侧。目视左手方向。（图 8–83）

③再向前上左足，跟右足仍成四六步；同时右手手心向上，用拇指外沿自左臂下向左手外弧线平砍，左手按于右肘内侧。目视前方。（图 8–84）

④随之，左手手心向下，用小指外沿自右臂上向右手前弧线平砍，右手托于左肘内侧。此时双手各画弧线一圈半。以上动作要连贯，一气呵成，其动作形似用镰刀割草，故名“割手”。目视左手动作。（图 8–85）

图 8-80

图 8-81

图 8-82

图 8-83

图 8-84

图 8-85

35. 退步圈捶

①右手手心向下，在左肩前搂抓而下，左手握拳按于腹前。目视右手动作。（图 8-86）

②向身后撤左足，成交叉步；同时左拳张开，左手手心向下，在右肩前抓下，右手握拳，摆落于右腿外侧。目视左手动作。（图 8-87）

图 8-86

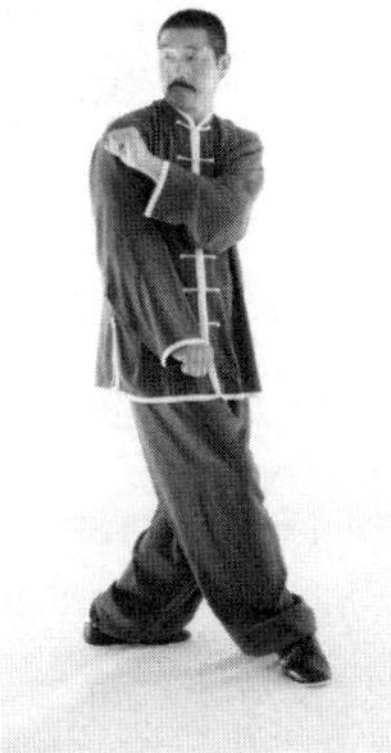

图 8-87

③右足向身后撤一大步，重心左移成左弓步；同时右手握拳，拳心向下，自下方向面前弧线抡打，圈击而出，啪的一声，左手按于右前臂上；右拳随着抡打圈击的惯性圈出浑身之力。目视前方。（图 8–88）

图 8–88

36. 大展拍

①左足上步，足尖外展，右足跟进；同时左手手心向前，手指向上，自右臂后向面前抓下，右手握拳置于右肘上方。目视前方。（图 8–89）

②右腿提起，右足足尖后勾，足心斜向前，自右向前扫踹，力在足心和足外沿；同时右拳张开，右手手心向下，左手手心向上，如抓着对手手臂一般向右捋带。扫踹和双方的捋带要同时进行，动作协调一致。目视前方。（图 8–90）

③右足向左足后落下，左足立即向后撤步，保持身体平衡，否则必然摔倒。以上动作要求一气呵成。目视前方。（图 8–91）

图 8–89

图 8–90

图 8–91

37. 螳螂劈截

向左转体 180°，上左足回身成歇步；同时先左手后右手，向身后自下而上再向下大弧线抡劈，右手劈下时，左手收回立于右肩前。目视前方。（图 8–92）

38. 右弹腿

提起右膝，右足足面绷直向前弹出，高与裆平。目视前方。（图 8–93）

39. 螳螂勾刊

①右足前落，左足跟进成四六步；同时右手手心向内，手指向上，贴胸前向头上钻起；随之右臂内旋，当拧成小指外沿向前时，腕部弯曲，先小指再无名指、中指依次弯曲，向面前弧线勾抓而下，左手置于右肘下。目视手的动作。（图 8-94）

②左手手指向上，小指外沿向前，屈腕，先小指再无名指、中指依次弯曲，自右臂后向面前弧线勾抓而下，右手置于左肘下。目视手的动作。（图 8-95）

③右足前进一步，左足跟进，仍成四六步；同时左手手心向内，手指向上，贴胸前向头上钻起，随之左臂内旋，当拧成小指外沿向前时，腕部弯曲，先小指再无名指、中指依次弯曲，向面前弧线勾抓而下，右手置于左肘下。目视左手动作。（图 8-96）

④右手手指向上，小指外沿向前，屈腕，先小指再无名指、中指依次弯曲，自左臂后向面前弧线勾抓而下，左手置于右肘下。目视右手动作。（图 8-97）

要点：以上动作要连贯，一气呵成。

图 8-92

图 8-93

图 8-94

图 8-95

图 8-96

图 8-97

40. 三封手

①四六步不变；左手手心向下，手指向前，自右肩前向头前弧线封扫而出，当封扫过头前时，屈腕，先小指再无名指、中指依次弯曲，向左封扫变勾手，停于左额前上方，右手置于左肘下。目视左手动作。（图 8–98）

②随之，右手手心向下，手指向前，自左臂下向头前弧线封扫而出，当封扫过头前时，屈腕，先小指再无名指、中指依次弯曲，向右封扫变勾手，停于右额前上方，左手置于右肘下。目视右手动作。（图 8–99）

③随之，左手手心向下，手指向前，自右臂下向头前弧线封扫而出，当封扫过头前时，屈腕，先小指再无名指、中指依次弯曲，向左封扫变勾手，停于左额前上方，右手置于左肘下。目视左手动作。（图 8–100）

图 8–98

图 8–99

图 8–100

41. 回身大封手

向左转体 180°，上左足成四六步；同时双手手心相对，小指外沿向前，左手在前，自右臂外侧同右手一起向身前弧线抡劈而下。要一封到底，封出浑身之力。目视前方。（图 8–101）

42. 左弹腿

右膝弯曲，左足提起，足面绷直，向前弹出，高不过膝；同时双手像抓住对方手臂一样向右侧方捋带。目视前方。（图 8–102）

43. 大封手

向前落左足，右足跟进，仍成四六步；同时双手手心相对，左手在前，右手在后，自右臂外侧一起向身前弧线抡劈而下，要一封到底。目视前方。（图 8–103）

图 8-101

图 8-102

图 8-103

44. 捆封手

①上左足，右足跟进成四六步；左手手心向内，手指向上，贴胸上穿，随之拧成小指外沿向前时，在面前弧线抓下，右手握拳按于腹前。目视前方。（图 8-104）

②以左足为轴，坐身成歇步；同时右手握拳，横前臂，向左拳前滚压而下，双臂胸前交叉。目视前方。（图 8-105）

③上右足，左足跟进成四六步，同时双拳张开，双手手心相对，小指外沿向前，右手在前，左手在后，自左臂外侧一起向身前弧线抡劈而下。目视前方。（图 8-106）

图 8-104

图 8-105

图 8-106

45. 连环踩踹

①双手半握拳，拳心相对，仿佛抓着对方手臂向左捋带；右足前进一步，左足提起，足尖后勾，用足心向前连踩带踹，高不过膝。目视前方。（图 8–107）

②左足前落，右足提起，足尖后勾，足心向前下方连截带踹而出，高不过膝。目视前方。（图 8–108）

46. 底漏圈

①右足向前落下；同时双手握拳，用右拳的小指外沿向右腿外侧砍下，左拳按于腹前。目视右侧。（图 8–109）

②右足前进一步，左足跟进成四六步；同时右拳拳心向下，向面前弧线抡打圈击，啪的一声，右前臂抡在左手手心内。目视前方。（图 8–110）

图 8–107

图 8–108

图 8–109

图 8–110

47. 双帮肘

右足前进成弓步，左足跟进半跪，名“玉环步”；同时右拳拳心向下，横前臂向前撞出，左手推右前臂助力，名“双帮肘”。目视前方。（图 8–111）

48. 回身螳螂点睛

①向左转体 90° ，上左足成四六步；同时左手手心向上，用手背向左侧贴压而下，右拳张开，右臂向后勾摆，置于体侧。目视前方。（图 8–112）

②左转体 90° ，成左弓步；同时右手手心向下，伸出食指、中指向面前点出，左手托右腕，目视前方。（图 8–113）

图 8–111

图 8–112

图 8–113

49. 螳螂双封手

①撤左足，重心后移成四六步；同时右手手心向上，自左臂上向前穿出，此时两臂肘部相叠，在胸前交叉。目视右手动作。（图 8–114）

②随之，右臂外旋，左臂内旋，以肘部为轴上下翻动，互换位置。目视双手动作。（图 8–115）

③撤右足，跟撤左足成四六步或虚步；同时双手向左弧线封扫勾拨变成勾手，收于胸前，名曰“螳螂双钩式”。目视前方。（图 8–116）

50. 收势

向左转体 90°，双足并立，成立正姿势；双手在身体两侧自然下垂，精神集中，气沉丹田。目视前方。（图 8–117）

图 8–114

图 8–115

图 8–116

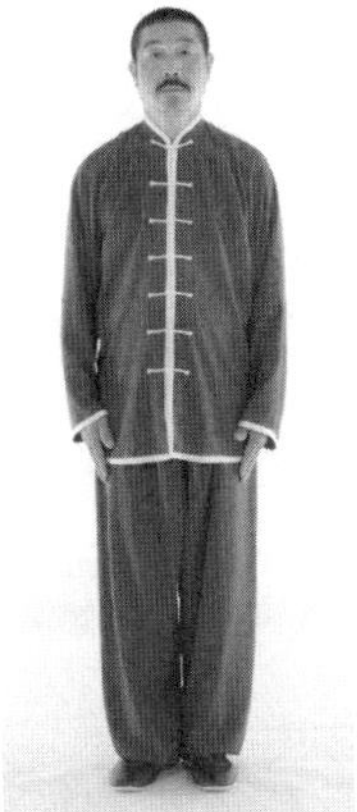
图 8–117

第三章

六合螳螂拳十三剑

（动作演示：韩宝轩）

王朗初创螳螂拳时并无套路，都是一手一手的单操。后来一些螳螂拳家，结合螳螂拳的风格特点，开始创练器械套路，这才有了螳螂剑、螳螂刀等。

六合螳螂剑的制式特征：剑总长 1.3 米（约四尺），剑身长 0.9 米（约三尺），柄与护手长 0.4 米（一尺有余）。因六合螳螂剑的制式比其他的剑长，故名长剑。因剑柄长，又名长柄剑，亦名双手剑。

六合螳螂拳十三剑，以攻防技战术为本质属性，以圈、滚、崩、点、劈、刺、撩、挑、格、挂、抹、扫、拉十三字法则为技理内容，以上、下、左、右、中、进、退、虚、实、刚、柔、急、缓为攻防战术心法，以练六合螳螂拳要点：手与足合、肘与膝合、肩与胯合、心与意合、意与气合、气与力合，为人剑内外整合筑基的应用势法规则。

六合螳螂拳十三剑，演练起来具有迅捷如游龙戏水、旋转如凤凰夺窝、灵敏如猿猴蹿枝、舒展如鹏鹤展翅、稳重如泰山巍峨等独到风格和特点。

这套六合螳螂拳十三剑由刘敬儒先生的弟子韩宝轩演练，具备螳螂拳的风格特点，结构完整，剑法紧密，具有较高的实用价值和观赏价值，希望大家喜欢。

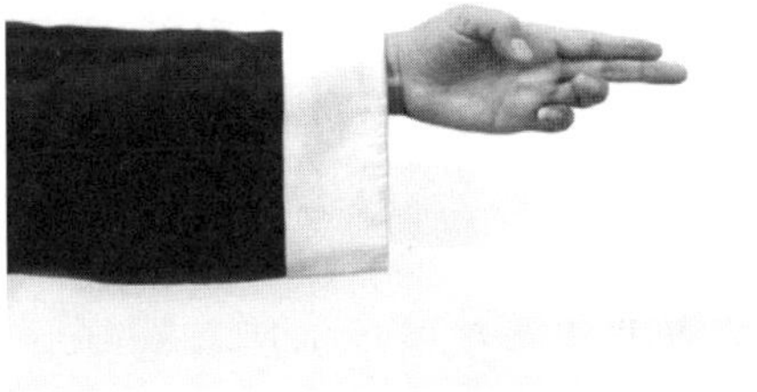

剑诀

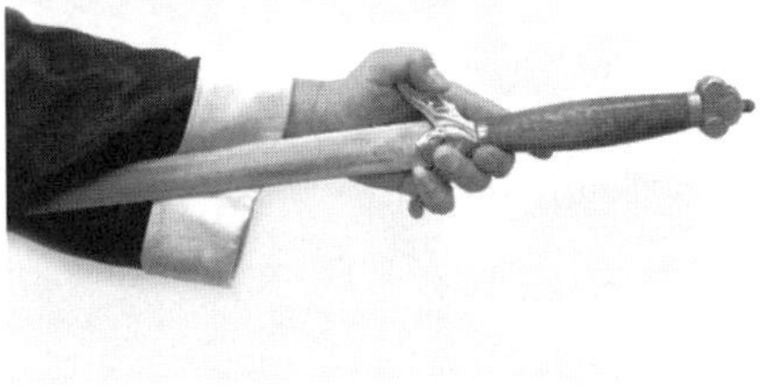

握剑护手

双手平行握剑

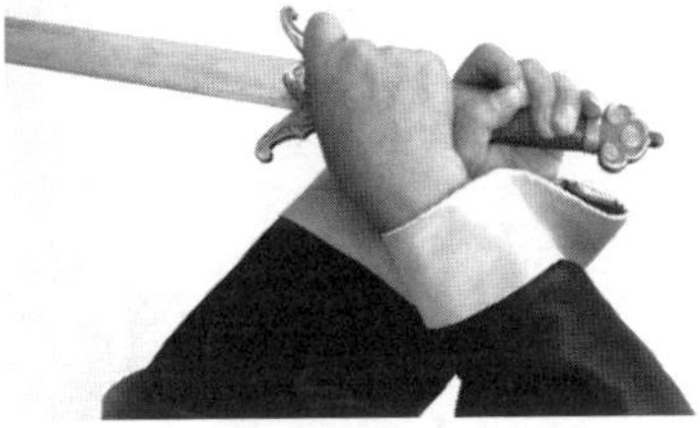

双手交叉握剑

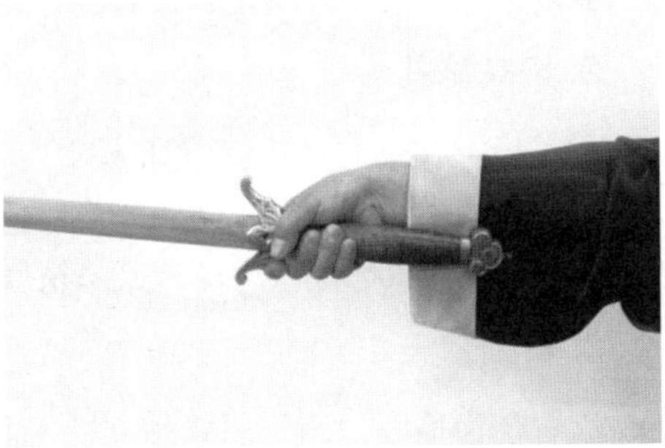

单手握剑

一、六合螳螂拳十三剑第一路

（一）动作名称

1. 无极起式
2. 抱拳施礼
3. 背剑指天
4. 迎门圈封
5. 左进横扫
6. 右进翻挑
7. 迎面圈劈
8. 进步挽手
9. 垫步突刺
10. 插步横削
11. 提膝崩挑
12. 落步直劈
13. 左进上撩
14. 右进反撩
15. 格挡斜斩
16. 右进崩挑
17. 左进滚刺

（二）动作图解

1. 无极起式

习者背朝北面向南站立，头正肩平，目视前方；双肩放松，两臂自然下垂，右手伸直，左手握剑护手，使剑身平行靠左臂后侧，成背剑立正的站立姿势。（图 9–1）

要点：站立提顶舒项，腰松胯沉，腹式逆呼吸，浩然之气，直养而无害。

2. 抱拳施礼

武术抱拳礼是武林传统“在家礼”讲究的行规，是武德表现的基本行为。以左手握剑，右手为掌，由身体两侧向胸前合拢，抱拳施礼。（图 9–2）

要点：动作干净利落，体现武术精气神。

3. 背剑指天

以右足为重心，侧身屈膝站立，左足向前迈出，脚掌点地屈膝成左虚步；同时左手握剑背至身后，右手握成剑诀，高举过头顶，面向左转。双目圆睁，平视前方。（图 9–3）

要点：放松站立，呼吸平顺。

图 9–1

图 9–2

图 9–3

4. 迎门圈封

以左手握剑柄，向左前上方弧线拦截敌方攻来的兵器，右手剑诀立于左肩前（图 9–4）；剑交右手，左手按于剑柄助力，借打击惯性，由左向右螺旋圈拦，化解敌方兵器，并屈肘握剑下落至右侧腰部，右足后撤成虚步。目视剑锋（图 9–5）。

要点：先向右侧迅速移动右足，同时手握剑柄圈拦敌方兵器，手足齐到，周身协调一致，动作一气呵成。

5. 左进横扫

左足迅速向正前方上步，成左高弓步，同时以腰带动左转体 90°；右手握剑，由腰右侧向左前方用剑锋横扫，左手剑诀置于右肘之上。目视剑锋。（图 9–6）

要点：上步同时出剑，右腕向外旋，手心朝上握剑柄，同时左手随右手，与右手合力扫剑，做到步、剑和眼神齐到。

图 9–4

图 9–5

图 9–6

6. 右进翻挑

面向正前方，腰右转上右足成右弓步；双手握剑随腰转上步，以右手为主，左手为辅，拧腕外翻崩挑，左手握剑诀，扶在右手腕下。目视剑锋。（图 9–7）

要点：以腰转承上启下带步运手，以达出剑崩挑冷弹有力。

7. 迎面圈劈

左足向前方上步的同时左手在后，右手在前，两手合力握剑柄，由原向外翻腕崩挑，变成向内拧腕翻转，使剑身经头前上方，画成半圆弧线（图 9–8），然后直劈至左足前方，目视剑锋（图 9–9）。

要点：提顶舒项，立身中正，右手握剑柄为杠杆支撑点，由外翻向里拧裹手腕圈剑时，左手握剑柄如杠杆动力臂，双手合力完成圈劈。圈剑时提顶，立身，吸气，劈剑时气呼出，切不可憋气。

图 9–7

图 9–8

图 9–9

8. 进步挽手

右足迅速上步成四六步，随上步，屈膝下蹲，身体前俯；右手立握剑柄，以剑锋向前下方崩挑，左手握剑诀向后分挣。目视剑锋。（图 9–10）

要点：上步与崩挑动作协调一致。

9. 垫步突刺

左足快速跟进半步，成左丁步，右手握剑，剑锋向前，目视剑锋（图 9–11）；右足借左丁步落地，快速向前突进成右四六步，右手立握剑柄，随进步用剑锋突刺，目视剑锋（图 9–12）。

要点：垫步、进四六步、突刺要协调一致。

图 9–10

图 9–11

图 9–12

10. 插步横削

头领身起转腰，将重心移至右足，同时左足向右足后倒插步；右手由立腕握剑柄，向里拧转成平握剑柄，使剑锋由右向左前方横削。目视剑锋。（图 9–13）

要点：转腰移重心、插步和削剑的动作，要连环贯穿，完整顺合。

11. 提膝崩挑

向右转体，提右膝成左独立步；同时随转腰提膝，右手握剑柄向外拧转，使剑锋翻转向右上方，冷弹崩挑过头顶，左手握剑诀，指向前方。目视前方。（图 9–14）

要点：崩挑与提膝一致，整体运动平衡。

12. 落步直劈

右足上前落地成右四六步，屈膝下蹲，身体前俯；右手立握剑柄，使剑锋由上向下直劈，左手剑诀上指。目视剑锋。（图 9–15）

要点：掌握好左足蹬地和右足上步的时机，处理好作用力与反作用力及整合劈剑的关系。

图 9–13

图 9–14

图 9–15

13. 左进上撩

头领身起，腰向左拧转，切左胯，左足向前迈出成左四六步；右手握剑柄向内拧转，使剑锋向前方自下而上撩起，左手在右手后握剑柄助力。目视剑锋。（图 9–16）

要点：头领身起，腰拧，步上，剑出，气势完整。

14. 右进反撩

腰向右拧转，切右胯，右足向前迈出成三七步；右手与左手合握剑柄向外翻拧转，使剑锋向右方反撩，目视剑锋。（图 9–17）

图 9–16

图 9–17

15. 格挡斜斩

右足向右前侧滑出成高弓步，左腿屈膝，脚掌擦地滑步跟进，双手握剑柄，右手为主，左手配合，用剑身向左肩臂外侧格挡（图 9–18）；随即左足快速向前迈出成左四六步，同时拧腰合胯，双手握剑柄，使剑身经左肩至头前上方弧线圈劈，目视剑身（图 9–19）。

要点：剑格挡与侧闪步协调一致；劈剑拧腰与合胯协调一致。

16. 右进崩挑

右足上步，左足跟步成四六步；同时腰右转，左手与右手分挣，右手立握剑柄，使剑身外刃朝上，里刃朝下，剑锋直向前方崩挑，左手剑诀置于右肘内侧。目视剑锋。（图 9–20）

要点：上步、左右手分挣与转腰挑剑要协调一致，动作一气呵成。

17. 左进滚刺

进右足成四六步，同时腰右转与右胯合；右肘微屈，手握剑向内拧腕，成内旋滚刺。目视剑锋。（图 9–21）

要点：崩挑与滚刺是连环剑法，所以进步刺剑要一气呵成。

图 9–18

图 9–19

图 9–20

图 9–21

二、六合螳螂拳十三剑第二路

（一）动作名称

18. 转身劈剑
19. 上封下断
20. 进步蹲刺
21. 撤闪黏挂
22. 顺势劈刺
23. 七步缠封
24. 闪跳甩剑
25. 闯步刺喉
26. 格挡斜斩
27. 左进崩挑
28. 左进滚刺
29. 撤步格挂
30. 绕步平穿
31. 绕步云抹
32. 剑指青天
33. 收剑入鞘
34. 归本还原

（二）动作图解

18. 转身劈剑

接第一路动作，身体右转 180°，使右四六步随转身变成右弓步；右手握剑经头顶抡劈至正前方，左手剑诀后指。目视剑锋。（图 9-22）

要点：转身变步与抡劈剑高度协调一致。

19. 上封下断

右足撤至左足后成左虚步，右手握剑，向头前方弧线圈封，左手藏右肘下（图 9-23）；随即右肘后拉，使剑身由上而下至腹前，左手握剑诀指向前下方，目视剑锋（图 9-24）。

要点：后撤步与封剑协调一致。

20. 进步蹲刺

身体重心下降的同时右足向前进一大步，并步下蹲；随上步右手立握剑柄，以剑锋向前下方穿刺，左手握剑诀扶在右肩处。目视剑锋。（图 9-25）

要点：刺剑要与上右步高度协调一致。

21. 撤闪黏挂

身体重心提起后移，同时左足后撤成高四六步，双手握剑柄，使剑锋朝上，用剑身黏挂敌方兵器（图 9-26）；然后右足后撤成虚步，向右胯外侧挂剑，目视剑身（图 9-27）。

要点：撤步与粘挂动作要协调一致，气势完整。

图 9-22

图 9-23

图 9-24

图 9-25

图 9-26

图 9-27

22. 顺势劈刺

上右步成右四六步；双手握剑向前方劈刺。目视剑锋。（图 9-28）

要点：劈刺与敌方撤回兵器的时速协调一致。

23. 七步缠封

左足速进以鸡行步追击（七步）；同时右手握剑，右臂外旋，成手心向上握剑向外圈螺旋缠封剑，左手剑诀后指。目视剑锋。（图 9–29）

要点：缠封剑与鸡行七步追击节奏一致。

24. 闪跳甩剑

在追击中因敌突然反击，速向左侧闪跳成丁字步；同时右手握剑腕外翻抖甩，用剑锋点劈敌方持械之手或臂，左手剑诀后上指。目视剑锋。（图 9–30）

要点：闪跳轻灵与甩剑冷急协调一致。

25. 闯步刺喉

紧跟进右足成右四六步；右手握剑，左手辅助握柄助力，使甩出的剑锋迅速推刺向敌方咽喉。目视剑锋。（图 9–31）

要点：进步与刺剑协调一致。

26. 格挡斜斩

右足向右侧滑行，左足跟进成左丁步，双手交叉握剑，以剑身向左臂外侧格挡护身（图 9–32）；左足快速向前迈出成左四六步，屈膝下蹲，上体前俯，同时双手交叉握剑，拧腰合胯，用剑身经左肩至头前上方弧线圈劈至左膝外侧，目视剑锋（图 9–33）。

要点：以剑身格挡要与侧闪成高弓步协调一致；劈剑斜斩要与拧腰合胯及进左四六步协调一致；劈剑斜斩气入丹田要呼出。

27. 左进崩挑

右足向前进成四六步，同时腰右转；左手与右手分挣，右手立握剑柄，使剑身外刃朝上，里刃朝下，剑锋直向前方崩挑，左手剑诀置于左腿外侧。目视剑锋。（图 9–34）

要点：上步、左右手分挣和转腰挑剑协调一致。

28. 左进滚刺

左足速进成左四六步，同时腰左转与左胯合；右肘微屈，握剑手腕向里拧，成内旋滚刺，左手剑诀按于右前臂内侧。目视剑锋。（图 9–35）

要点：滚刺与进步协调一致。

29. 撤步格挂

后撤左足成左丁步；右臂内旋，右手握剑柄，随撤步用剑身下格挂剑，左手置于右肘下。目视剑身。（图 9–36）

要点：后撤步迅速，与挂剑上下协调一致。

图 9-28

图 9-29

图 9-30

图 9-31

图 9-32

图 9-33

图 9-34

图 9-35

图 9-36

30. 绕步平穿

左足向前滑步，右足经左足内侧向前方扣足绕行；右手握剑，手心朝上，剑锋朝右，左手扶右前臂上，顺时针绕行三步（共转体270°），剑锋平穿。目视剑锋。（图9–37、图9–37附图）

要点：绕步平稳前行。

图9–37

图9–37附图

31. 绕步云抹

随绕步右转身，右手手心朝下握剑柄（图9–38）；剑锋朝左，继续绕步（右转90°），以剑柄领先横剑平行云抹（图9–39）。

要点：以步为根、腰为轴，以身运剑，协调一致。

图9–38

图9–39

32. 剑指青天

向右转体 90°；右手握剑直臂上举，剑锋直指青天，左手握剑诀分挣落于左胯外侧。目视左前方。（图 9–40）

要点：剑指天而气沉丹田，两腿并拢站稳。

33. 收剑入鞘

屈肘扣腕，右手握剑，使剑锋朝下，接在左手中，如剑身入鞘。目视左前方。（图 9–41）

要点：动作干净利落，精气神饱满。

34. 归本还原

身体左转，立正收式，与无极起式动作、要求一致。（图 9–42）

要点：此剑术共二路，可往返操练，可分解练习，亦可组合成长套路练习。

图 9–40

图 9–41

图 9–42

第四章 螳螂拳经典拳论

一、《螳螂拳略论》

陈云涛

陈云涛，山东黄县人，丁子成先生的入室弟子，对七星螳螂拳和六合螳螂拳都有深入的研究，曾任国家建筑材料工业部副部长，著有《螳螂拳略论》。

此《螳螂拳略论》是马汉清师兄赠送给笔者的。马汉清师兄经常去陈云涛先生家求教螳螂拳，陈云涛先生将此《螳螂拳略论》送给马汉清师兄。因为陈云涛先生也是笔者的师叔，马汉清师兄就抄写了一份送给笔者。今公布给读者，供读者学习和参考。

螳螂拳，相传为宋代王朗所创。其传说有二：一说，为与宋太祖之长拳斗争应变而成；另有一说，则为与韩通之通背拳斗争中见螳螂斗蛇，有所悟而创。通背拳为七长之拳，而螳螂拳则七长八短，长短俱备，八刚十二柔，刚柔相济，为短打之绝妙好拳。

螳螂有刀，一名拒斧，如人之手臂然。若以竹竿戏之，则沾、连、蹦、扑、勾、挂、锯、锉，曳跃纵距，骧首奋臂，形如天马行空，极矫健又极敏捷，一静一动，极尽机警之能事。遇敌时，则虎抱碾磐空耸送，忽前而忽却，瞻前而顾后，闪、展、开、合，曲尽其妙，奋臂轻击，迅雷不及掩耳，秋蝉遭之而必伤，毒蛇袭之则损目。盖吐信之技虽迅石火电光，而何若信手一拈以逸待劳也？故察其动静，取其神态，设意度形，以小彰大，赋以刚柔相济、软硬兼施之理，发其虚实变化之精微，用为技击技巧。于是由简而繁，由单式而集为连拳，上、中、下三路综合，地蹚滚翻互相用之，摘星换月一气呵成，此螳螂拳术之所以别有其风格了。自创始以迄于今，独树一帜，愈演愈精。而螳螂短打之锦绣花簇，已臻化境矣。

螳螂拳之艺法丰富多彩。一面其轻，则有柳絮随风舞之妙，出手点睛快利轻捷，有蜻蜓点水之致；一面其柔，则迎风斗条缠绕不脱，软如细水浸沙无微不入。若论其刚，铁杆碎石尽化为粉，实劈硬砸无坚不摧。有门则由径而升堂，无门则破壁而入室。查一力降十会，以巧破千万之钧。可知刚中有柔，柔中亦有刚也。故周身硬软歌曰：“手眼身步法秘诀，软似棉花硬似铁。进如绣女透轻巧，出似霸王勇莫遮。”信哉斯信也。

螳螂之短打之技巧妙矣，劲路奇出，变化万端。两臂虚实互易，臂自为之长短，虚实长短无不曲中。缠、封、挑、勾、腾、劈、砸，度势运用。粘拿连随，随手而化。勾、砍、推、贴、压，五种劲路一齐俱发。无手最难防，彼进我亦进，见刚急投手，手快打手迟，此后发先至之法也。无中生有，有而辄无，官止神行，发不及觉，千变万化，浑化无迹。即所谓：“分明香在梅花上，寻到梅花香又无。”故短打有柔而不能无刚，柔能克刚，特患我不善用刚。且夫刚亦有明刚暗刚之分，柔以化之，刚次用之；柔亦有明柔暗柔之分，不能来于一极也。当化而深入之际，可无贴胸靠背之势乎？深入重地，危象环生，可无泰山压顶之力，一触而发乎？歌曰：“乱截中门一条沟，迎面劈砍往里投。圈捶连环向前进，刚破刚来柔破柔。”又曰：“螳螂使出双采手，神仙也败下风头。”以螳螂之微而抵罗汉，显非力胜，唯期刚柔相济之理顺，则艺法未有不善者。然入于化境，则非数十年纯功、名师之点传难工也。

螳螂拳之地蹚功夫，亦为短打之绝技。千头万绪莫凿，出人意料，有备难防。一拳飞天外未见影，而突然落于地下。九转十八跌，势如风驰电掣。蝎蛰针、蛇塌地、螳螂大扑蝉，剪、绞、蹬、踹、跌、打、滚、翻，耸身竖起，倒踢云霄。如连环闪骗、抽梁换柱，间以蹿跳等步法，四面八方，圆满周恰。至其群战法，则顺反倒竖打、流星打、大小回风打、冲围打、挟山超海打。声东而击西，指南而打北，出有回势，回有出势，内线转外线，倏忽变化，措手不及，虽陷重围，应付裕如也。总之，螳螂拳法为短打之总。站着打，躺着也打，浑身是打，勇猛之风格，正是说明我国劳动人民刚毅不拔之精神与无比坚强之斗志。在阶级社会中，打端已开，唯有一个打到底。仆而再起，起而再打，不获全胜，决不罢休也。

尝见各门拳术之创造，多取法乎鹫、虎、龟、蛇等凶禽猛兽之形。而创造者，往往亦托诸禅师、仙人之名。而螳螂拳独不然，不仅取法乎一蕞尔之小虫，而创造者亦仅一平凡农夫而已。是诚保朴守真，一本庐山面目，用彰我之先辈劳动人民之智慧与艰苦创造之伟绩。而况一臂单举，临铁轮而无惧，庄公回车嘉其勇也，小虫云乎哉。

螳螂之流派有三：一是七星螳螂拳，又名“罗汉螳螂拳”；二是六合螳螂拳；三是梅花螳螂拳，又名“太极螳螂拳”。三种螳螂拳均为出于王朗，流传于胶东各地。其中以梅花螳螂拳流传较广。六合螳螂拳仅黄县、招远县两地流传一时，而将成绝响矣。七星螳螂拳流传于胶东一带，而今更属绝无仅有了。

（一）七星螳螂拳

七星螳螂拳是螳螂拳最老拳种，曾流传于胶东、威海等地。

从其套路与技法观之，则参于罗汉短打为多，刚多于柔。十字步、蹿跳步法多。操功夫有二三乘，第一为行之积功，练习百天即为有力；第二行功为推迭沙袋，操练拳掌；第三行功为练习诸家手法。推袋功夫主要锻炼全身十二捶之硬功。歌曰：“悬吊沙袋送力推，头脚手肘肩胯膝，背胸尾腹根心位。”除沙袋外，尚有其他操练工具甚多。此路螳螂拳谱无法可得，现有者亦仅后学之人模拟想象重编而成。除各种歌诀外，尚有《短打要论》一篇、《短打截脉略论》一篇。拳路则有翻车辘轳捶七蹚者一套、九蹚者一套、螳螂打六蹚者一套、翻车打四蹚者一套、脈乔拳八蹚者一套。其他的如九转十八跌、地蹚拳十二套，还有群战的“四面八方打”的拳路一套，可惜这一路拳法久已失传。至其棍棒刀枪等器械，会者不多了。当前除少数人尚知翻车辘轳捶与其他几种套路外，对地蹚之九转十八跌之功夫会的已经很少了。即使会，也不能全套皆通。如不急起抢救，则仅存的一点精华，也无法保全矣。

（二）梅花螳螂拳

据传梅花螳螂拳是清末时期莱阳李五猴老师所传。其顶门徒弟为莱阳姜化龙老师，艺成之后，于民国初期曾在烟台设场教拳，从学者甚多。胶东各县，牟平、福山、莱阳、蓬莱、黄县等地均有流传。在国民党统治时期，胶东各县国术馆不少以教梅花螳螂拳为主，一时极为盛行。由于胶东商人较多，因此不断流传于各大商埠，如青岛、上海、广东等城市，以及东北大连、安东、营口、哈尔滨、沈阳等地。虽然这一派螳螂拳流传较广，但全部掌握这一门路的为数不多了。梅花螳螂拳与七星螳螂拳极为近似，唯较七星螳螂拳轻灵。据了解，基本套路有梅花路一套，蹦步、乱截各一套，摘要十二套，有谓十套或八套的。操练工具亦为沙袋，均与七星螳螂拳大致相同。相传摘要十二套是姜化龙老师根据基本拳法演化而创，当前亦无人会全部，学过六套的已经不多了。姜化龙老师技艺很高，传说在烟台传艺时，比试过程中不少名师败其手下。其绝招为帮肘、左右底插花。至其玉环步一招，一经沾上，则神手难逃。梅花螳螂拳之身法、步法灵活敏捷。演练梅花路时，则波浪起伏，节奏整然，勾、挂、缠、封，比之螳螂而惟肖，俯身下势、鱼跃而起、飞鸿落雁之姿极为优美。梅花螳螂拳，按现在情况，如着手整理，尚比七星螳螂拳较为容易。但任其自流，愈久愈难达到完整之要求，其精华部分愈失愈多矣。姜老师传人中能继承真艺作者，大连有刘多三、纪春亭二人曾设场教拳，黄县有曹左厚老师，牟平有郝氏兄弟六人较著名。惜乎这些名手多已去世，现在分散在各地的拳法，尚待有计划地调查，加以整理。

（三）六合螳螂拳

据传是清末民初时期，有一江洋大盗，绰号“金钱老师”，从登州府越狱，潜居招远县川里林家村一林姓人家中，一面养伤，一面传艺。所传亦仅林世春一人而已。林世春艺成以后，遐迩闻名。后经黄县丁悦来当铺聘请为拳师，相传于丁子成、王吉臣等人。其中以丁子成老师拳艺最精。再传赵乾一、单香陵、张实易、丁今眉、丁释毅、袁君直等人。后来又传于黄县县立中学、崇实中学以及中区小学等学校学生。从学者虽众，而得到全部拳路者却不多。赵乾一功最纯，艺最精，终生追随丁老师，为丁老师助教。惜乎敌伪统治时期，穷困颠连，后自杀于北京。单香陵不仅精通六合螳螂拳及其技击技巧，而又精于六合枪棍术。来京后阅历更广，对各路拳术无不潜心研究。1939年在京运动会上，曾与保定形意名手刘书琴（郭云深之徒孙）比武，以大展拍之手获胜后，应富连城科班之聘请，为该科班武术教师，并兼任火神庙第一国术社教师。此外，丁老师之徒弟只有张实易曾在青岛设场教拳，为时不久，现不知去向。除此数人外，后学者虽多，而艺精者甚少，得到丁老师真传的更无几人。

六合螳螂拳的套路有：三捶、活步三捶、左右捶、劈斩、展夺、展手圈、藏花、仙手锛、双封、铁刺、短捶等。对练套路有：活步三捶、劈斩、展夺靠肘、撩阴掌等。关于文字资料方面，六合螳螂拳未见有过拳谱。只有丁子成老师从林世春老师学艺时，曾将各种技击手法作了详细的笔记，名曰《六合螳螂拳法真传秘诀》，共九十三手。得此抄本者除赵乾一、单香陵外，恐亦再无他人了。目前单之一本尚完好。器械部分有六合刀、六合枪、六合棍。操练工具有沙袋、铁沙盘，小豆桶、铁球、短杠、石轮等。这些武艺，全部掌握的人已经没有了，整理总结工作除单香陵、袁君直外，也无其他人可以胜任。

总观三种螳螂拳的理论、实际套路、技击手法，虽源出一脉，但从各派具体风格而言，则各有不同。总的看来，七星螳螂拳是老架子，其余两派是演化而来的。梅花螳螂拳更近似七星螳螂拳，但身法、手法、步法已较七星螳螂拳矫巧多姿，柔化成分大加，招数更多，手法更轻巧快利，但硬手仍多，横劲、直劲如圈捶、握肚等劲路偏于太直，失之于太刚，但身法姿势之优美，为其他两种者所不及。另外，则为地蹚功夫之掺于一般套路中，九转十八跌已不单独存在矣。

六合螳螂拳之风格与七星螳螂拳、梅花螳螂拳显有不同之处。如果说螳螂拳主张八刚十二柔，而六合螳螂拳则偏重十二柔者较多。暗刚多于明刚。缠绕旋转、沾黏滚圈之劲路多于直冲之手。而直冲之捶，亦专讲寸劲，不尚硬捅和使横劲。身法、步法较为灵活，缠搅勾挂之手与闪骗流水、提步施后、抽梁换柱之步法配合紧密。手更密，而路更近。赚其外门，而进中门，目的是攻其中门。故有人对三种螳螂拳做了比较以后，认为七星螳螂拳、梅花螳螂拳走外门多，为走弓背；六合螳螂拳多走中门，为走弓弦。此比较确属恰切之论。六合螳螂拳中地蹚功夫比梅花螳螂拳更少，虽有捆摔之法，而明劲沦为暗劲，出腿进脚多属随步暗进，发不及觉，大跨大蹦之法已基本不存在了。

六合螳螂拳所谓“六合”，简言之，即上、下、左、右、前、后几个方面，及身体各部分密切配合而言，实则是应付四面八方也。对身体之锻炼要求，内外兼修，意形并重。具体言之，即精、气、神、身、手、步内外密切结合，意、力、气三者结合一致。动作起来则绵绵不断，一气呵成，紧凑紧密，无懈可击。常见六合螳螂拳练起来，几个动作如暴风骤雨一力齐发，连贯紧凑，无有意斜气断之缺陷。柔者，如大风手、磨盘手，两臂圈划极尽灵活之意；前后搅江手，则如醉翁行路，似倒非倒，倾而复立，见其形而不知其意。行气则长短配合，所谓“牛气”，即缓慢行气；长、短、缓、急，与动作之轻、重、缓、急、开、合、收、放协调一致；手到步随，形如螳螂扑蝉，勾、挂、锯、锉、缠、封，刀砍、撑挑、劈划，手法多样化，劲路多样化。其柔也，则如掍牛之鞭，从根到梢一理到底。五跌大劈，前臂、腕、掌、指随劲而化。一手敷上，则勾、砍、推、贴、压五种劲俱发。螳螂闭贴之手，则沾、黏、连、随、搓、挪、披、摩，刹那之间应手而变。两手反替神速，一手出，另一手自前臂之下偷进而出，即所谓底叫藏花之手也。至其螳螂之手的双勾之法，更属绝妙好看，出人意料也。

六合螳螂拳的刚柔之分，亦可以从其全身动作中观察之。如一套拳中，其动作除几个直捶之外，大部分为圈划缠封之动作。小动作多在腕以下旋转，缠、封、刁、勾、采、划；大动作则两臂伸展，竖圈、横圈交替，整圈半圈互用。论其形而不知其所创之用意何在也。所谓直捶，其劲路亦与一般不同，出直捶之形虽直，其劲如旋者，其状虽刚，而劲运于梢末，寸劲一点，则触手成打矣。六合螳螂拳之刚劲，不独在一捶一掌之间，主要在于其姿势之逼人。虽然其步法以流水连环、提步施后、闪骗三角、抽梁换柱等步为主，但于必要时亦用其他步法。如捆手为一面敌三面之手，则非用登山骑马之势不足以施其推帮挤靠之力。即此姿势亦足以使人倾倒，更何况尽力一击，断劲一发了。歌曰“拳脚到头，捆封底漏。短途突击，神手难防”也。至其乘隙暗进，拳头中宛，更是六合螳螂拳之绝招，密而不传者也。

六合螳螂拳在技击方面的特点为出手点睛（七星螳螂拳为出手点人中），手手不离脸。打蛇先伤头是其理论的根据。如圈捶、拨机、铁轮摇车等，手手不离太阳穴即其明证。故有人名谓之上三路拳。头部是大脑神经之中枢，为全身之主宰，而五官又是无抵抗之薄弱环节，最易着伤，太阳穴受创，则全身颓败矣。感官灵敏，手在眼前晃，对睛是天大威胁。闪则打，不闪也打，闪身躲不及，则未有不出手相招者，出手一招，则中其克也。统观丁子成老师《六合螳螂拳法真传秘诀》一书，有打有破，变化万端，何止九十三手也。从其每种手法看，则主动也打，被动也打，手手不离脸，一刁一打，既击彼面又要彼手。击彼面是虚手也是实手，不招便打，一招则变化莫测也。至其出手，如前不招，亦打亦招，尤为奇妙。盖奇峰三十手未有岭格人手者，所谓螳螂手有招，却无招也。

六合螳螂拳以“三捶”为母捶，即拳之基本也。此拳为练直击与练发底劲之最好形式。拳出步随，提步施后，挂避之手与出手同时行动，犹如形意拳之崩捶，但发劲稍有不同耳。两点之间，直线最短，中门势宽，有隙可乘，得机得势出手雕翎拳点中宛，强而有力，虽铁罗汉也无不应手而倒，而何况六合螳螂拳之“锥捶”也。此捶中指凸出，一名透骨捶，又名点捶，言其专点穴道也。

曾听内行人说：“螳螂拳虽好，可惜无腿。”其实不然。螳螂拳非无腿的功夫，只无高腿而已。常见其他各门长拳，确是高腿很多，如朝天蹬、倒踢紫金冠、二起脚、旋风脚、挂面摆莲脚等，十分精彩。螳螂拳主张高腿不过肩，弹腿也不踏。至其蹬踹，其腿最高也不过胸背部以下而已。但螳螂之腿脚别有风格，横蹬倒踢随步而起，勾、截、踏、撮，顺势暗进，有意想不到之妙。至其地蹚功夫，则非只腿脚有独到之技，而且非全身武艺综合不可。如地风剪、抢背滚身、鲤鱼跌背等，是轻而易举的动作，而螳螂仰面打则比较难做。歌曰：“仰面躺地头上捧，倒踡腿起双脚蹬，扑踝曲腿勾踡住，一腿弯里一脚冲。”这是比较不容易做的。另外，抢别摔就更难了，不但躺下去要翻上来，而翻起来之同时还要一脚冲出，脚打太阳穴。歌曰：“吃腕买根膝曲搬，叉腿底别挺身翻。落地身转脚掳耳，送去脚跟太阳间。”其他如蝎螯针、猪拱地、倒提锄、蛇塌地等，有的看来动作简单，然而非有数年纯功是练不好的。可惜这一套地蹚功夫老练家不多了，而新学者也不愿再学练这一套在地上滚来翻去的功夫。但这些特技经过艺术加工，作为民族形式的舞蹈，也是很有价值的。例如：在戏剧方面的武术动作，如地风剪、乌龙绞柱等地蹚功夫，经用于武打戏中，实为戏剧舞蹈生色不少，而且亦为群众所欣赏。

总之，螳螂拳作为武术领域中的一个流派，也是洋洋大观的。综合三种螳螂拳的传统套路与器械套路，分别加以挖掘整理，去粗存精，保留其优美的套路与技巧，作为青年一代的健身工具，增强国民体质，锻炼刚毅顽强的意志，都是很好的。在今日社会主义制度之下，人民政治思想大为提高，把技击技巧运用到友谊比赛方面，也是一种很好的体育活动。

二、《六合螳螂拳法真传秘诀》

丁子成

《六合螳螂拳法真传秘诀》是丁子成大师的毕生心血结晶，它透彻、详尽地说明了六合螳螂拳的用法，学习后可以灵活掌握六合螳螂拳的技击特点，具有非常高的练习和研究价值。这些手法过去从不外传，故称“真传秘诀93手”。

每当入室弟子离开师门时，丁子成大师都要亲手抄写一本赠送，所以大弟子赵乾一、弟子张祥三、弟子刘云樵、笔者的恩师单香陵先生等都有，故而形成了传统。所以笔者的师兄马汉清、李秉慈、师弟杜金果等都有单师亲抄赠送，当然笔者也有一本，显见它的珍秘和价值之高。今天特此公开恩师单香陵先生的亲笔手书《六合螳螂拳法真传秘诀》，供广大武术爱好者学习和参考，希望大家珍视之。

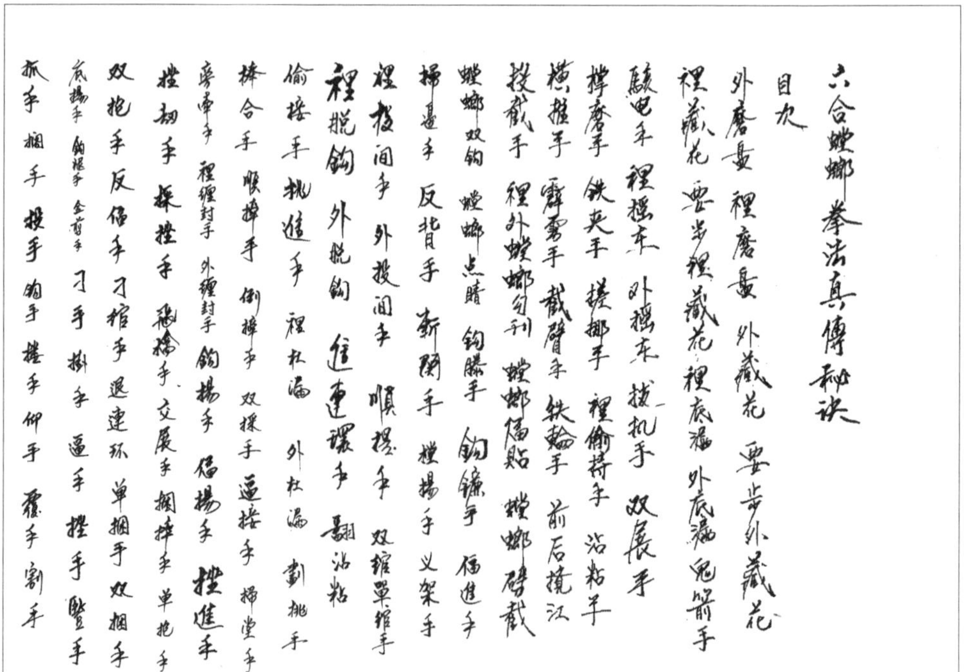
六合螳螂拳法真傳秘訣
目次
外磨盘 裡磨盘 外藏花 要步外藏花
裡藏花 要步裡藏花 裡底漏 外底漏 鬼箭手
駭电手 裡擺木 外擺木 撥扒手 双展手
撑磨手 铁夹手 提挪手 裡偷掎手 沾粘手
横推手 霹雳手 截臂手 铁轮手 前后搅江
拨截手 裡外螳螂勾刷 螳螂偏贴 螳螂劈截
螳螂双钩 螳螂点睛 钩膝手 鉤镰手 偏進手
掃邊手 反背手 斩関手 撞揚手 义架手
裡拨间手 外拨间手 順摇手 双缠單缠手
裡脱鉤 外脱鉤 追連環手 翻沾粘
偷搭手 挑進手 裡杜漏 外杜漏 劃挑手
捧合手 順捧手 倒捧手 双採手 逼搭手 掃堂手
旁牽手 裡纏封手 外纏封手 鉤揚手 偏揚手 撞進手
撞扣手 採撞手 飛輪手 交展手 捆捧手 单抱手
双抱手 反偏手 刁搉手 退連环 单捆手 双捆手
底揚手 鉤掖手 金剪手 刁手 掛手 逼手 撞手 豎手
抓手 捆手 拨手 鉤手 撞手 仰手 覆手 劃手

外磨盘 走外门双单缩挂手破

彼立右步，出右手击我。我立右步，出右手刁住彼手。上左步，将左手反揉（左）彼身左边，必要彼左手。彼必退步，出左手。我即以要彼之手（搭）持住彼手。撒开刁手，将刁彼之手。上右步，反揉在彼身右边，以要彼右手。如此迷占，即磨盘手也。

用此手法者，必先用刁手。就两人初交手时，去刁彼手，往往刁不住（菓）。若用锂手，就其时际下手连摔代理。至拳际，即刁住矣。即令刁不住，也可打彼右手。上彼手，彼一招右手，则我必刁住彼之手。既刁住彼手。若一探到底，令彼半身皆转，我可以扣住彼前腿，则以磨盘（菓）手作磨盘手用。固可以取胜，即以磨盘手作拍刀也，无不可。此手可以变撑进手、投间手、挑进手、裡磨盘、截臂手。若彼不退步，可用捆摔手。若彼退步，我手当在彼上，彼手当在我下，也未有不伤彼面也。倘若我刁彼手上磨盘，彼即以我所刁之手刁持住，则我只能上一手，不能上第二手矣。此时可以持彼之上手，将彼持我刁手之手用截开。当截时，上手往下拉，下手往上迎。所谓以彼手截开彼手也。也可用单手换双手法。以上磨盘之手，将彼上手拉下，拉只只控其手控之。若控得太紧，必反被彼持住矣。以刁彼手铜住彼之上手。即单缩手也。

用磨盘手者，当拉彼之第二手时，亦可以后手抓彼夹时窝。只可随拉随抓。若已经拉下，则无处下手矣。夫当拉彼之第二手时，亦可用後手推彼之肩际，令彼自仆。

裡磨盘 走中门。名底磨盘。劄手破。

我立右步，以右手从外向里击彼面。彼立左步，以左手从里向外开。我向裡漏。两手从裡向外支分。先伤彼面。後格彼手。是一時之事。不分先後。若從抓手变此手，尤覺便捷。

外藏花 走外门。已上藏花手，以撩汉手破。未上藏花手，则换步以後手使单捆破。原步使斩闸手破

此手从连环手入门。既上连环手，即起后手击彼面。彼必起后手来招。若彼不下步，我即起上连环手，走手刁彼後手捆摔。若捆不动，我以後手使裡磨盘。或变挑进手，或劄挑手皆可。若彼下步，我即控捆摔之手上外磨盘。若练此手带上後手可也。

西步外藏花

夫外藏花，必先铜彼腿为捆摔之地。然先铜彼腿，彼必退步，故有

要步外藏花。要待出彼手然後鉤掘。

裡藏花 走中门原步前手单捆破彼接步外脱钩破则闹矣

彼立右步，出右手击我。我即以右手从里向外格开彼手。上右步出右掌手击彼面。彼必以左手招。若彼左手招的高，我即以右手从彼手下先扫彼面，后开彼手。如裡磨盘状。若彼左手招的底，我即以右手击彼胸或击彼腹。皆藏花手也。

要步裡藏花 走中门接步后手单捆破

我用裡藏花。彼若退步，我手必然空击。故又有要步裡藏花。若彼立右步，我上左步以右手格彼右手，以左手击彼面。彼必下蹲步以左手招。当彼下步时，彼之左手已被我左手持住。我即上右步钩彼左腿，以右手从彼肋下向身外横开彼手，连扫其面。如使捐刀状。較立順步尤覺便捷。

裡底漏 从外门上中门裡杜漏蝗螂外杜漏破

我立右步以右手从外门击彼面。彼立左步以左手向外格。我从外向裡漏，即裡底漏也。此手可变里磨盘。若我立右步以右手击彼，彼立左步以左手从里向外格我手。上右步以右手击我中门。我即将右手漏回，提右步以右手刁彼右手。上左步以左手上连环手。走彼外门或用藏花外磨盘手。若不变连环手，亦可变作沾粘手，及摔合手。

外底漏 从中门上外门。外杜漏及蝗螂外杜漏破

我立右步，以右手从外向裡击彼面。彼立右步，以右手迎面招我手。我从裡向外漏，即外底漏也。凡遇硬格硬摔者，用漏手最妙。凡手之避手者，皆谓之漏手。於中不必细载也。若遇不会杜漏者，即底漏一手已足取胜。俗云拳脚到哭，捆封底漏。

鬼箭手 走中门接手连劃挑破单撑进破 彼使偏手接手则开矣

我立右步。出右手击彼，彼立右步，以右手刁我右手。上左步以左手击我外门。我即将被所刁之手向外一翻，令彼手心向上，使彼刁手不得力。上左步，用左手将彼刁手摇下，即以右手撑彼上外门之手，以射其面。搭彼手撑彼手射彼面，是一时齐发，不分先后，但翻手稍早耳。

骇电手 从连环手入门，可走外门，亦可从外门上中门。彼撤连环手，我换步以后手使单捆手，彼使新关。彼不撤手，我换步以后手使连手，彼用铁轮

此手从连环手入门，既上连环手，即起刁彼手之手。如上磨盘手状。再以上连环手之手，亦如上磨盘手状。如此连上先扫其面，後闹彼手，即骇电手也。我若从外门上中门，可以变裡磨盘。若走外门，当彼欲退步未退步

之时。我也可变扫边手。此手可以先后互用。也可以两手齐分。若从外门上中门者。此手可以破乱截。夫乱截者自上而下乱打谓之乱截也。若彼先右手后左手。则我先左手逼彼右手。以右手上躜电手向外抓开彼之左手。彼右手翻上去我以左手抓而开之。则其势必散。抓也是先扫彼面。後开彼手。上此手者不可看彼手下梢。若看彼手下梢。及见彼手则下手已晚矣。但看彼之胯尖。彼自莫逃矣。夫破乱截亦有以圈破者。歌曰乱截中门一条询。迎门劈扎往裡接。圈捶连环向前进。刚则破刚来柔破柔。

裡摇車手

从中门上外门以底漏手换步上彼外门。使撬江手破则开矣

彼出右步出右手去我。则我上右步以右手。从里向外格彼手。要步换左脚上左步。再上右步。以左手斜探在彼面左边。以要彼左手。既得彼左手。则以右手打底漏圈。彼若以右手抓我的圈捶。我则以要手之手向下一摇将打圈捶之手。向里一转。向外一翻。以击其面。彼若以左我来招。我即以向外翻之手。就势打下。如雀家搬掛相似。用此手者。可以其摇彼圈。不可先圈後摇。若论此手的母子。只是以手向里一格。以後手斜探在身外向裡一抓。格与抓必须将手倒竖。不然恐漏彼手也。此手可破小锤。练此手者。可用流水步。颠步。進退蹤跳諸步。

外摇車

若彼出右步出右手去我。我之出右步以右手从彼外门或理门开彼手。杨开彼手。上左步以左手从彼裡门向外劈開彼之左手。以右手斜探在彼身右边。要彼右手。即外摇车。只是從外门上中门。仍是里摇車耳。

撥机手

此手從外藏花手入门。彼必以後手招我後手。我即以上连环手之手。從我后手下撥其招我之手。当撥彼手之时。彼既已回。即我撥则仍以。後手去之。盖撥手如刁手相似，但刁则专用斜力。而撥则专用横力。

双展手

走中剁手破

若彼出右步以右手去以左手闭住中门作子母手式。我即上左步先以左手使撑磨手。撑开彼之右手。即进步悬脚以右手要彼左手。彼手一去。我即以要彼之手拉下来。此时右步已落。再以撑彼之手仰刺其面。彼必以我撑之手向里格。我即以拉彼之手变撥机手。上左步。以左手打底漏圈。是谓之双展手。撑彼手要彼手是一时之事耳。

撑磨手 走中门随手接破。

彼立右步以右手击我，我将身稍蹲。以左手击彼手，一齐俱出。我手在下，彼手在上；我手在里，后手在外。撑其手即伤其面。即撑磨手也。彼又击我，我用此手谓之撑进。彼一出手我用此手谓之撑磨。撑进手代接手。撑磨手不代接手。

铁夹手 走外门放捆手破彼用反展我下步缠缠封则闭矣。

我立右步以右手击彼，彼立右步以右手从外门捭。我即探步将右手向下漏出。彼又上左步从上往下打。我即以漏手擊而托之。彼向下一击。我即以右手托之。以前手覆之。即所谓铁夹手也。再以前手横扫其面，则可以变他手也。若遇速(?)而避撞(?)，亦可以铁夹手破之。

搓挪手 走外门将原步拖撤使劉(?)手破。

彼立右步出右手击我，我先上右步，后上左步，以左手拍开彼手。以右手从彼手下自彼中门竖上插其面。彼若以右手往下硬搬，我则提前步拖后步，以左手击其面，以右手撩其阴。盖我之右手为彼搬下，故撩阴甚便耳。若彼退步挂回右手，以左手截我右手，我即以左手变拨机手。以右蚂(?)手上外磨盖。若立右步以右手击彼，后立左步以左手回身外闭我右手。

若步出右手击我，我则提右步，蹬以左步将右手向左漏回插其中门。以左手拍开彼右手。亦上搓挪之法也。凡插入中门，必先将彼手拍开，然后将我手一拧。以搓彼手，使彼手不得自主，盖拍开彼手即挪也，插入中门即搓也。拨手必将手一拧。自下而上插其面，力气方为合式。

裡偷持手 走外门往下代速截破

彼立右步以右手击我，我立右步以左手将彼右手向右拍开。以右手自彼下手臂上持其夹时。留以下时以上之寬皮，即偷持手也。若我立右步以右手击彼，彼以左手从里向外开我手，上右步以右手击我中门。我则将右手漏回。偷持彼手。以左手拍开彼手。此时我前右步已移在彼身右旁。此亦偷持一法也。

沾粘手 走外门

彼立右步以右手击我，我先立右步以左手向我身右旁拍开彼手。上左步以右手仰压在彼手之上。仍以左手抚其肘以杜其漏。再起右手仰扫其面。彼若以後手格我仰扫之手，我即以仰擊(?)之手持彼格我之手。使单捆（或以扫）左手上拨机手。

横推手 走外门一名砘(?)朋手

我向彼使沾粘手。彼若向上破撑。我则以右手往来横推。彼必不能撑矣。此即横推手也。

霹雳手　走中门

两手向下分抓。所以破其撞撞进击也。练此手者立右步。以右手从我身左边向右边向下一抓。以右手从我身右边往左边向下一抓。左脚一弹。落左步是为一手。左边亦然。盖手势如箭眼。右手抓射　左手在下。左手抓则右手在下。总之如磨盘手类似。但彼是横抓。此是往下抓耳。

截臂手　走外门

我向彼使磨盘截手。当我撒下手未上手之际。彼必击下手。以防我手。我即以我之上手使领手。将彼之上手一粘。将我步向外一移。以我之下手将彼上手肘陡捋住。以破其滑。即截臂手也。此手随处可用。然用此处更见鲜明。故特指出。

铁轮手　从中门上外门原手破。亦可换步以滚手使撬江手破。亦可下步缠封手破

练此手者。立右步以右手往身左斜抓。上左步以左手向里斜抓圈。当未上步欲上步之时。先抓一圈。当左脚落时又一抓一圈。一时撞恰好与步俱落。方为合式。此手原令一定用。若我以右手上反背手。彼上左步以左手遮我右手。我即以左手抓下彼之左手。以右手将彼右手连截代砸。就势将我之右手顺在身外圈里击之。抓与截是一时之事。若我以右反背手击彼。彼以左手往下硬截。我即用铁轮手。总之不论彼出手不出手。我即以铁轮手破拆破撑。亦未常不可。练此手者。诸步皆可用。手之下数多练则不必拘矣。斜抓之手与撞车之手一样。斜圈之手则仰着撞圈。不与圈撞一样。

前后撬江手　不论中外门原手破。若我使外藏花彼使撬江手。我则换步使单捆手彼使斩闭。

练此手者。立右步。以右手向左一抓。抓时手心向左。如扫堂手状。再以左手从右手下向左一示。亦手心向左。如撬机手状。如此连裁流水步。或两脚上步或颠步皆可。大抵用进退步颠步者恒多。右手抓要彼手也。左手刁彼手也。用此手者可以先抓后刁。亦可以先刁后抓。抓所以要彼手。再以刁手持之。以上所论乃前撬江手也。是立右步右手抓为之前撬江手。若立左右步。以左手向我抓。以右手从左手下向右刁。乃后撬江手也。若彼以左步向我使外藏花。我以左手招彼藏花。彼以左手刁我左手捆捽。我即以右手使底扬手。扬开彼之左手。以左手向我身右一抓。彼必以右手招。我即以右手里来刁其手捆捽。脚下用抽梁换柱步法。彼以脚钩我。我反又以脚勾彼也。如此即是后撬江手也。若我以左步上外藏花手。以左手刁彼左手捆捽。步刁之时。彼已退步。我则上右步钩彼左腿。以右手自彼右肋下刁

其左手捋之。若仍捋不倒，则以左手向我身右抓其面。彼必以右手招。彼既出右手，我即以右手由内来刁其右手捆捋之。亦后揽江手也。

扱截手

（走中门此手破四捶六捶去肋下者，四六捶不用此不须破）

我上右步以右手击彼，彼上右步出右手向上一架，上左步以左手从外门击我肋下。我则以击彼之手往下一截，截开彼击我肋下之手。以左手扱开彼架我右手之手。或以左脚弹击，或以右手弹往上挑打皆可。

裡外螳螂勾刹

（或从中门上外门或从外门上中门皆可）

小指无名指皆曲，食中指半伸。（大指第一节应附于食指中指第二节处）即螳螂手式。此即所谓出指寡就钩。练此手者先立右步，则移右步向身右一移。上左步以左手一刹，以右手一刹，再以左手一刹，再以右手一刹。此就是闪转步练法也。若用颠步及进退步、跳跃步练此手，则走一面身子。手一面下数则不必拘矣。以三角步练此手。此手下数也如闪转步练法一样。若用撑前拖后步练此法，也是一面身子练。若用流水步则不能拘定用此手者。彼上右步以右手击我，我上右步从外门出右手，封下彼手。封是从上往下稍带斜式，必钩刹推贴压王释力气俱用。即封下彼手，即上后手刹之。若彼以后手来招，我即以刹彼之手勾下彼手，再上后手刹之。连钩代刹，连上不已，连上之势。手之套环与小捶一样。总之连钩代刹，也是勾刹推贴压王释力气并用。不待彼退步，我自然上步。连推代压。彼一招我手，我即以刹彼之手压而勾之。压者作平压，但以腕以上时以下连推代推，即得矣。钩者不必以手指钩之，但将手腕用力侧即得之矣。然推贴二字又竟要紧。盖我推而贴之，彼若变化手不暇，欲跳不能，欲蹲下不敢。故破此手，在未贴上之时破之。如既贴上，即神手也难破矣。此手可以先封下彼手，更可用螳螂偏贴，接之封彼手更见便捷。无论练此手用此手，务必伸开胯子，上得疾如风雨，要紧要紧。若我既贴住连上，则前用提步，后用拖步。若彼退得急，我或用颠步或用连环步，皆可前论有不待彼退步，吾即上步推之。此二语千万不可疏忽。盖既贴上，必时时如此，方能取胜。不然吾身已入重地，如稍让彼暇，我必受伤。此言千万留神。此手可变撑进手撑进手劃挑手。以上所论乃是从外门上中门外钩刹也。若从中门上外门，谓之裡勾刹。彼上右步出右手击我，我搏左步向彼里门一移，以左手从里向外打开彼手。上右步以右手刹之。及至连上之势，则步法及手法力气与外勾刹全异。此手只是打开彼手。不似外钩刹封彼手之难。大抵用裡钩刹入门时，必须三角步。

螳螂偏貼

（走外门下步接手破横大下步，不然恐其以后手进击也。）

彼上右步出右手击我，我即上步以左手偏而贴之。此手必须偏而推，方能偏住。练此势如撑磨手。但撑磨手在彼之下，此手在彼之侧。撑磨手界而上撑，此则向前斜顶。彼走里门，此走外门。彼手全打，此手半打。彼当住手时向下压，此则手势侧立，彼用全伸。此时半曲。此手最妙。故我用此手令彼半身不能去。欲引彼手亦易。用此手者亦是不待彼退步，我只管上步推之。使彼自退两三步。我即可用双採手刁住彼手足。所谓向前斜项语。须留心。右面上直项，倘彼力大，反为彼所伤矣。斜项是令彼横行。故彼身不自主。然不可太斜。项手在面可以侧立，出可以伸手如横推手状。步贴得如理不开进退不能之时。即以原手抓彼面。且有不自知者。

螳螂劈截

劈截，所以破直撞也。彼若以右撞来我，则以右手劈截。彼若以左手来我，则以右手劈截。凡劈截另从上往下迎门使。都是伏斜式。盖彼用直撞，我用直截，必截不住（用斜势）。则未有截不住人手者。肘以上截彼手，肘以下劈彼面。盖以劈彼面为主。截彼手时望猜一可耳。或只贪劈面必至两伤。岂不知我用斜势，腰以反扭，则前膝子已全伸矣。彼用直撞膝子必曲。以伸敌曲，即以长敌短也。我只下截彼手，彼手必垂。垂则短矣。彼用撑手指曲。我用手指伸，伸则长矣。若彼两撑齐用，我则两手齐截。腰眼稍扭。则两面斜势皆得之矣。用螳螂劈截不必手手皆能伤彼面，即伤彼面也不能太重。然我手一招彼面。彼必向后一张。当彼张时我即以劈彼面之手，持彼来我之手。势甚便耳。彼手一入我手。我即以後手上挽手来。

螳螂双钩

或从中门上外门或外门上中门或直入

彼若上右步以右手来我，我上左步以左手从里向外封开彼手。将右步上在彼身左边。起右手刺彼，彼必退步以左手招我。我手当右手时已将左手圈回。收回放右手时下。彼起左手招我右手。我即以肘下之手将彼左手钩住。以右手时际压住我之左手。左手向下手钩下彼手。仍以右手劈之也。若将封下彼之前手，彼以后手以直撞来我，我即一斜身用此手，但不能必伤彼面耳。若从外门上中门则是彼上左步以左手来我，我上步以右手从外向里劈开彼手。或上右步或进右步抱后步。起左手刺之。彼必以右手招。我即以劈彼左手之手。偷顺在左手肘下。以钩彼左手。若彼上右步出右手来我，我上右步以两手从上面下硬将彼手摔下。后步向前一顛。起右手刺之。以左手勾之顺在右手肘下。彼以左手招我，我即以肘下之手勾之。仍以右手刺之。凡用此手者，若彼向后一仰。我就势用劉挑手向前插。

螳螂点睛

中外门皆可用，惟从走外门顺便。

此手者与外门钩刺相似。彼上右步出右手来我，我上右步以右手从彼外门理开彼手。上左步起左手点睛。彼必退步以左手招我，我就势以右手拉下。若拉不下再起左手以拉之。既拉下仍以右手点之

钩膝手

走中门

彼立右步出右手击我，我左步以左手从里向外拨开彼手。上右步起右手抓其面。此手是暨起，手来从上向下抓。彼必起右手往上招，我就势按下，再起左手抓之。两手连上，彼忙还接不暇矣。若彼手指向上直伸，我即趁势抓其手指锹之。抓其小手不必痛把握，但用指甲由里擢之足矣。盖如此擢彼，必闲按手救出，亦未有不伤者。若遇一手上有来者，则上后手以两手锹之。此时来者底下踢一脚，便彼必在下，则手上一力气必懈矣。盖手连上之势，亦似两手走一条路，中间不许敌缠上，理外的利来晴一样。

钩镰手 从外门上中门

我以右手击彼，彼以左手从里向外架。我即以原手将彼手钩下，仍以原手进而击之。此手与十二手持镰力气一样，但彼钩下是从外向里击，此则钩下是直击也。

偏进手 走外门

彼立右步出右手击我，我将左步摆在以左手从外偏彼击我之手，凡偏手必斜身从彼肘际下手，方能偏住彼手。此时我右手已在我手之上，如子母手敌彼见我偏住彼手，必退步，按回彼右手，以左手击我，我即以右手将彼左手理开，如上扫边手救。若我偏住彼手彼未即退步，我乘势左步东合以左手迎击其面，以右手由理其小为我所偏之手。此时左手的力气无异于扫边手也，右手的力气有似捆手，但往下理的能持住彼手面。

扫边手 走外门

彼立右步出右手击我，我右步以右手从外向里格开彼手，将身上拧上左步以左手扫其面，即扫边手。格彼手扫彼面上左步是同时之事，并无不分先后。此手必拧拧推理四样力气全赴，方能格开彼手伤彼面。此手来得太急，不论彼受不受伤，必然向后急退。当后退时，我或进步，踮步或提步，而追击其前。即起后脚弹其胯。

反背手 走中门

彼立右步出右手击我，我上右步以左手从彼里门接彼击我之手，以右手反背打彼面。若彼以左手向里格我手，我即以左脚偷移在我右脚后，随将右步向前移，以左手将右手下使拨机手，将彼左手打住，向我左边一领，以右手打底漏圈，即反背手也。

斩阑手

若我向彼使反背手，彼以左手向里持住我手，我即以彼所持之手将彼右臂持住，再以左手击彼面，则彼持我之手不破自开，即斩其手也。凡用藏花剿挑等手，若为人持住，必须用此手方能破开。若遇使单捆者，也可用此手破，然不必只是持彼手，只是连压连搂足矣。

撑扬手 走中门

两个撑磨手先後互用，就是撑扬手。此手可破直撑之敌中门。

义架手 走外门

彼出右手击我，或泰山压顶，或采得大缠，我即上左步以两手交叉架之，以右脚弹之，使彼心在下，则我之右手就势刁住彼手矣。用此手者皆出于无奈，非妙着也。

里拨间手 一名揣手

我使磨盘手，彼必以左手来摺，则我前手与彼左手相持，手下有隙。我即以左手从隙中仰刺其面。彼必身向后一张，则彼与我相持之手必已全伸，亦难挪。吾即以刺彼面之手仰抱与我相持之手，向里一搂，左手向外一搂，就势单按，则彼自蹲下。此手若用力太猛，则彼手未有不折。但彼即以拨手跑出，也未有不伤者。当彼蹲下之时，用弹腿尤便。向里搂向下按乃一时之事。吾手与彼手相持时，以五指甲将彼手背上以指与无名指之筋搯住，仰抱之手一斜挖彼之手，稍凡用里拨间手，要紧上步，则不为探手所破。

外拨间手 走外门

我向彼使顺摆手，不必待彼击到尽头，我即以彼手从其肘下仰刺其面。则彼必向下一按，我就势按下仰刺之手，即外拨间手也。

顺摆手 走外门

我刁彼手，彼若往上硬击，我则以我刁彼之手助彼到尽头，我仍用按下，即顺摆手。

双缠单缠手

彼刁我手上磨盘，我即将彼所刁之手往上一翻，往里一耙，手腕绕身外一仰。如腿路之四平掌之后手样，将彼上磨盘之手钩住，是以仰手翻之手边单缠手也。若先用彼手将彼之磨盘手按下，再以前手钩住，遂即撤了，彼手亦是单缠手。若两手齐钩，或后手按下，以两手钩住，不撤后手，就是双缠。盖用双缠手，彼若撤下刁手欲上磨盘手，即以先按彼之手上磨盘手，则我手常在上矣。夫我以仰手边单缠手，彼必以搓手边刺挑手，破我仰手。既破，彼必以彼手使单撑进，我即以我使仰手之手将彼使刺挑手之手刁住，往下一搡，不使彼之撑进手无所用，并彼全势俱败。以搡手破之。所以用单缠撑进者，必得按下后手也。

里脱钩

我上右步以右手击彼，彼以右手刁我右手，上左步以左手上我外门。我即将彼所刁之手向外一搂，以破其大指，就势搂时向后一曲，以代彼上外门之手。上左步以左手击之，即里脱钩也。

外脱钩

我上右步以右手击彼，彼以右手刁我右手，上左步以左手上我外门。我将前步向彼身左一移，将后步一跟，将彼所刁之手向下一搂，以破其大指，就势将彼上外门之手下漏出。一覆，持住彼上外门之手，即外脱钩也。

進連環手　走外门

我先用刁手刁住彼手。再上步用後手採住彼腕以上肘以下之际。即连环手也。

轉進手　子母手　即母手作用住中门之式也

我出手击彼，彼若向下採我，我即将手腕一转往上漏打。此时我是仰掌。彼若向上架，我即将手腕一转向下漏打。此时我是覆着掌。此手即十三手阴反阳、阳反阴也。

翻沾粘

彼之右步以右手从外向里击我面。我之右步以右手往外招彼手，彼手与我一见面。我即将肘一竖，将肘以下手以上向里一转。向外一翻。如般掛手类似。既翻过去，即以原手将彼手压下，再向後一代，再進而击之。当我向外翻手时，我与彼手粘在一处。故云翻沾粘。我若以右手直击彼面，彼以左手向下推，我也可用此手。

偷接手　一名比接手

彼之右步以右手大山压顶打下。我即先上右步后上左步，以右手从彼外门以竖手挤而比之。彼比手落到我肘际时。我即以左手从我肘下接之。即偷接手也。彼若以左手截我手，我即以此彼之手向外反捎彼面目。并可使截我手之手。彼若抽回右手，更出右手击我，我即左步以左手向外刁彼右手。从上往下進步围打。若我以右手刁彼右手，彼以左手截住我手，我即上步以右手使竖手比其截我之手。以右手从肘下接彼左手，也偷接之一法也。

挑進手

我若右步以右手从中门击彼，彼之右步以右手上架我手。我即用左手挑其格我手之手。以右手向下一转，進而击之。此手用处极多，可以破拔机手。亦可破单搁手。也有下步使者。

带進手

彼之右步以右手击我，我则上左步跺后步。以右掌从里向外击彼击我之手。击是从里门击其肘际。不可击之太往外。此时我右是分明有空，彼必以左掌来击。我则以右手向后一代，以左击之。再以代彼手之手击之。此斜门连三捶。捎着带進手。若专言代進手，实无实式。或前手代后手進，或后手代原手進皆可。

裡杖漏

彼之右步以右手自外向里击我面。我左步以左手从里向外格。彼向里漏，我即用捶步向外捋。以左手随彼手闯在彼手之下，挑之。将右脚一撩。以右手从上往下一划。将彼之漏手压住。此时我之两手如缺夹相似。但缺夹是前手在上，此后手在上。移步撩步压之。此时支掌之。此里杖漏也。

外杖漏

外杖漏之势与里杖同样。而用则有异。彼之右步以右手从外向里击我面，我之右步以右手从里向外格彼手。彼必由里向外漏。我即将右步向我左边移，上左步，抽右手圈回。将彼之漏手从上往下勾住。再以左手击面，如上磨盘手状。此外杠漏也。此手摇仍用杠滑之外杠漏。前手摇，后手杠滑之理杠漏。

螳螂裡杠漏螳螂外杠漏

杠漏之为手固佳。然以螳螂手作杠漏更见便捷。若用作里杠漏也，前手摇，后手杠。跟杠其漏。再以前手将彼漏手刁住。起后手便螳螂勾刷。若用作外杠漏亦是以前手摇（仍用）此手杠。跟杠其漏。再上左步，以后手将彼漏手勾下，再起杠漏之手上勾刷。总以螳螂手作杠漏。因其步法如杠漏手一样。所以必以后手上勾刷者，以为变化手之地也。

劃挑手

此手和反背手类似。但反背手指是横之曲势。此则是手指向下耳。用此手者彼出右步出右手击我，我以左手将彼手由里向外拨开，上右步以右手击彼面。彼往上一招，我以用手伸勾往彼面突。此手用法不一，有从刁手变者。已详于刁手论中。亦有从螳螂搂手使者，更见便捷。亦有如挑进手一样使者。但此拳是手，此是伸手耳。

捧合手

我出右步出右拳击彼。彼出右步以右拳从里向外破臂。即将右手向外搭在彼手之上。提右步进左步，仰手如沾粘式，就势以右手捧其面，以左手捧其后头，是捧合手。此手亦可从沾粘手变用。

喉捧手

彼往前得太猛，我趁其猛势，或以刁手捧手，或以跺捧手捧之，所谓顺手捧羊也。此手一捧即倒者居多，即不能倒，彼之全身皆与我相背矣。

倒捧手

我刁彼手，彼若向后破捶，我就势将彼手紧持住，起步跟步随彼力而入，未有贴不上者。既用贴手贴上，跟起螳螂勾刷，亦可以上他手，彼自己代我入去。故谓之倒捧。

双採手

彼出右步出右手击我，我先上右步以右手从彼外门刁彼手，再上左步，以左手仰刷其肘窝以下。肘以上之际向后用力一拉，令彼后手上不来，则我可以上他手矣。凡是用两手刁一手者谓之双採手。可以先用刁手再加上后手，亦可以两手齐上。然必须顺步身子方为合适。螳螂偏重搂手，皆可加上双採手。用此手者若将彼拉得欲倒未倒之时，我上他手未有不中者也。因此手者若先刁住彼手再上后手，可以两手皆覆。若两手齐上，必前手仰后手覆。仰者所以杠其漏也，仰手必自下而上，令彼不见仰手者，先持住则刁手必不能逃矣。

歌曰

彼手刚来我手来。一时刁住不能留。
尔今违出双採手。金刚也释下风头。

逼接手

我之右步出右手击彼。彼以右手使撑磨式撑进我手。我即以原手一逼。在我左手中，再以右手上彼面。即逼接手也。

掃堂手

此手和前之掘江手次一手类似。若以撑进手入门，则连扫彼面，代开彼之後手。然必需得架方才好使用。此手者有胆量者多。亦可以代进手入门。既掃之後，可以后手接搂牵手。

旁牵手

彼之右步以右手击我。我之右步以右手刁彼手。彼以左手截我刁手。我即将右步向彼身右转出。将刁手向右一拉，把彼右手膀在彼左肋下。令彼接不着。若彼上步截我。我之闭此手。若彼退步截我，我原步不动，我即用双採手。

里缠封手　外缠封手

此手是两手向上一圈。收回时闭住中门。仍如母子手势。向外圈谓之外缠封。盖彼架不住之际，以此缠揽彼手也。此手退步用者居多。若彼向我使双抱手及交展手，我用里缠封居多。

钩扬手

彼之右步出右手击我。我之右步以右手从彼手外边转代带。将彼手扬开。上左步仍以右手将彼手勾住。上后手击之。即勾扬手也。此手如转割刀一样力气。

偏扬手

此手和勾扬手一样。既扬之后，或以原手偏之。或以后手偏之，皆可。

挫进手

我若以右手之挂挪手。彼若向下破挂我手。我即将上挂挪手之手一翻，以手挂住彼手。以左手贴彼手往上连挫代翻。以挫手运劲挑手状。以制其面，即挫进手也。当与交手之际，凡我刁彼手，彼使破着，皆可用此手。即我刁彼手上膀击亦可用此手。

挫翻手

我向彼使挫进手。彼若向上一架，我就乘便截手。所谓先挫而后动其臂也。
但截臂之手由膀击手使着。彼肱全伸，此则彼肱不能不曲。亦吾使之然也。

採挫手

我使採进手。彼手必然一擎。彼往上擎，手上空必然。我待彼擎到尽头。我不待彼擎到尽头，皆可使双採就势拉下。故谓之採挂手。

飞擒手

彼出右手击我面门或击我胸际。我即以我右手，从彼外门贴着彼手腕往上一架。架只是防起手来架。架得彼手易住，不必待彼手擎到尽头，即可往彼手拉下。是谓飞擒手。

交展手 一名反搁手

此手可以破双搁手。若彼搁的我左手在上，我即从右向左展。向左展是将左手一仰，右手一覆。若彼搁的我右在上，我即从左向右展。向右展是将右一仰，左手一覆。

搁摔手

我以连环手上戳花手击彼面。彼必起左手来招。我即就势以我上连环手之手，从我右手下刁住彼左手，向左边用力一摔。则彼即倒矣。用此手者必连搬带压。连拉带摔，搬拉搁摔压，五样不乱一齐用，方为合式。

单抱手

单抱手所以破穿掌擂也。我右步出右手击彼。彼以左手从里向外格开我手，上右步，以右掌从中门自下而上穿打。我即上左步将身一转，以左手将彼肘窝之际由上至下按之。令彼手不能贴我身。再以抱彼手之手由内去其里。即单抱手也。

双抱手

双抱手所以破双戳擂也。我上右步出右手击彼。彼上右步以两掌从里向外双击我手。我即上左步以左手双抱彼手。如铁夹似，但双抱是抱其肘际，铁夹是其手腕之际。双抱是抱双手。铁夹是夹其双手耳。

反偪手

我上右步出右手击彼。彼以右手从我外门将我右手拍开。上左步以左手偪我手。即偪拍手之前手，拍左手偪也。当彼将偪未偪住时，我以左手将彼偪手提。以右手从彼偪手之下漏出。反将彼之偪手偪住，即反偪手也。

若我用此手，则彼必为我所搁矣。又名反搁。用此手者，可以两手一仰一覆，亦可两手皆覆。如双绾手状。我用此手方可令彼搁住。彼一搁我，我就展方为合适。

刁绾手

彼以连环手刁我右手，上外戳花。我即以彼所刁之手，由左一拉，往上向右一圈，上左步以刁彼上戳花之手。则彼之连环手也为我所绾矣。故谓之刁绾手。

退连环

此手能破刁绾手。若我刁彼手上外戳花。彼用刁绾手。我即撤下连环手，仍以上戳花之手回刁彼手。即是退连环也。

单捆手

单捆手用法不一。彼出右手，我即以右手上沾粘手。彼若以左手来掳我，我即以右手将彼右手拿住。从彼左边往彼左腋下搂过去。则彼之右手即为彼之左手压住。即单手捆双手也。若我以右手拿彼，彼以左手拿住我右手，以右手上反背手。我则上左步。以左手将彼上反背手拿住。从彼右面往彼左腋下搂过。亦为单捆手也。

双捆手

我面彼侧身击手。既得彼上手，即将彼上手拿住，不撤我之下边刁手。以我两手将彼两手同时一括。此双手捆双手也。

底扬手

彼以左手使截花手，或使搂执手刁我右手捆搂。当彼未刁住之时，即以右手从彼左手下将彼扬开。如罗磨盘状。即底扬手也。

钩腿手

我上右步以右手击彼，彼上左步使偏进手。我即以左手将彼偏手往下搂，以右手从彼手下漏上来，以刁彼之后手。即钩腿手也。

金剪手

彼上右步出右手击我，我上左步以左手将彼手从偏门削，以右手照彼面上进刺带斩。彼若以左手拨我刺彼面之手，我即以左手使搂机手刁下彼拨我之手，以右手进右步由鼻其面。若我刺彼面，彼以左手拨我刺彼之手，以右手使刁绕手，我仍以搂机手刁彼拨我之手，以刺彼之手由掳其上刁绕手之手，即变做双捆手矣。此手起头两手皆仰，以后两手皆覆。如剪股一样，故谓之金剪手。若我上左步上金剪手，彼以右手使底扬手破我金剪中之搂机手，我即以刺彼面之手，将彼底扬手往下一压，就势刁住，再上搂机手之手往上一提，上彼面目即变做高进手矣。

刁手 走外门

我以右手从外门抓彼右手，以左手从彼外门抓彼左手。即刁彼手也。

我刁彼手，彼若拧手一脚破我刁手，我即以拧手向上划挑手，向上一摇。彼以拧手一整手，我即用单撑进手。彼若以后手截我刁手，我即变缺花手。夫刁入手者，遇硬截者，亦可以顺出身子将彼手推在彼肋下，即横捶手也。

挂手

挂者是自己怀中往外挂。挂对手来机。但对手其一方圈，皆要半圈。此手用处多，试举其一武谱言之。若彼向我使磨盘手，当彼撤下手上上手之际，我即将下手往上挂即得之矣。亦有退步使者，随机用之可也。

逼手

此手用法不同。走外门螳螂偏贴是也。自外门上中门逼进是也。若我以左手击彼，彼以左手使撑磨撑进攻手。我即以原手偏偏在我左手中。则以上手击彼矣。此即偏撑手也。

撑手

此手如用切菜式。手指往上翻时向下搓。力气全在手肘之间。此手可以连刁挑手。详见手论。

竖手

此手有里有外。铁帚手用里，偏搂手用外。竖手破铁帚偏搂自封撑论云。仰破勾，覆破搂。竖手就截不息。若彼猛然而打来，我将手竖起。令彼手贴我手而下，故云不自由。更有以原手由上仰起状。似搬非搬似挂非挂，若搬挂是向外翻打。此是贴彼手由上仰伸，以援其面。

抓手

彼之右步以右手直击我面。我以闪躲步将左手顺在彼身里。以左手从里向外抓。先抓其面再抓其手。即抓手也。此法有二。若有拳毋手来有坚格人手者。

搁手

我手为彼手搭住。若搭得高则用挽手从撑提。若搭得低则用搁手。搁是以彼手或上步或退步。往上横搁彼手，原手由下往上击。既搁开彼手，即将搁手速之指面。不然恐又为彼手搭住矣。

拨手

此手与搁手相似。但搁手是以左手横搁。此手是以左手向前直顶，以开彼手。并逃者也。

钩手

此手与刁手一样。但刁手用大拇指力。此则大拇指不用力。

搂手

勾手走外门。以右手勾彼右手。以左手勾彼左手。搂手里外皆可用。以左手搂彼右手，以右手搂彼左手。走里门者也。以左手搂彼左手。以右手搂彼右手。走外门也。

仰手

仰手破勾手。如鹞鹰翻手起头是也。

覆手

覆手破搂手。彼往里进向外搂。我向里覆。彼向外进往搂。我向外覆。即可以搭住彼手也。

割手

此手与铁帚手相似。但彼是向外而击。此是向里直顶，此手可破双展手。彼撑手，我即以彼所撑之手劈彼撑手处。并削其双展。此手亦可破狸猫间。

附录：时光掠影

退步封手

双封手

大展拍

刘敬儒指导弟子练习六合螳螂拳

指导弟子刘玉强练习双封手

指导弟子练习连环手

指导弟子邢殿和练习圈捶

指导弟子李胜利练习退步封手

“刘敬儒内家拳丛书”筹备小组工作花絮

左起：代海强、邢殿和、仁寿然、孙汝贤、刘敬儒、赵奎喜、刘心莲、韩燕武、向波

与大弟子赵奎喜商讨书稿

拍摄现场合影

拍摄现场商讨、推敲细节，精益求精

拍摄现场商讨拍摄细节

拍摄现场与弟子谈拳论道

筹备小组部分成员合影

庆祝拍摄工作圆满结束

微信扫码　看视频

刘敬儒演示
双封套路

短捶

截手圈

铁刺

仙手锛

藏花

照面灯

双封